머리말

이 책은 프랑스어로 글을 써 보려는 사람들을 위해 만들었다. 1과부터 30과까지 문법 기능에 따라 분류한 300개의 문형을 차례대로 연습하다 보면 자연스럽게 프랑스어 문법도 정리되고 글쓰는 힘도 길러질 것으로 생각한다.

대학마다 개설된 불작문 시간은 한불사전에만 의존해야 하는 한불번역 연습이나 350 exercices류의 문형반복훈련 중 어느 한쪽에만 치우치며 진행되고 있다고 하는데, 이 책은 문형연습을 통해 프랑스어 문장에 대한 기본적인 언어능력을 튼튼히 하면서, 어휘 대치를 통한 한불 번역도 가능하게 될 것을 기대하며 내용을 꾸며 본 것이다.

"인간은 생각하는 갈대다" 라는 문장을 프랑스어로 써 보려면 '갈대' (roseau)와 '생각하는'(pensant) 이라는 어휘만 알면 L'homme est un roseau pensant 이라고 쓸 수 있지만 이 문장보다 훨씬 간단한 내용을 담고 있는 L'aimez-vous? Nous regarde-t-il? Mme Vincent les invite-t-elle à dîner? 같은 문장들은 반복 훈련을 거치지 않고는 말하거나 쓸 수 없을 것이다.

300개의 문형을 순서대로 따라가며 프랑스어가 갖고 있는 성격도 파악할 수 있을 것이다. 문법 사전 역할도 하는 이 책으로 프랑스어를 익히는 시간이 즐거움으로 가득차기를 바란다. 연습문제의 해답을 각 과 뒤에 제공하는 것도 잊지 않았다.

정릉 골짜기 서경대학교 연구실에서
김 진 수

프랑스어 작문
차례

11 제1과
1. 관사 / 2. C'est~ / 3. Voici ~
4. Qui est ce Monsieur?

22 제2과
1. Où est ~? / 2. 소유형용사 / 3. C'est à moi.

34 제3과
1. 형용사 여성형 / 2. 형용사의 위치 / 3. 명사의 복수형
4. avoir / 5. J'ai un livre / 6. Combien de ~
7. 기수형용사(基數)

46 제4과
1. avoir 관용구 / 2. 공간의 표현
3. 주일 / 4. 나이 / 5. aller

59 제5과
1. 부정사(不定詞) / 2. Je voudrais ~
3. Combien de temps faut-il…
4. Quelle heure est-il?
5. Quel temps fait-il?

72 제6과
1. être / 2. Je suis ~ / 3. 정관사 축약
4. Est-il ~? / 5. 의문형용사

84 제7과
1. 1군 동사(-er) / 2. 2군 동사(-ir)
3. 3군 동사(-re, ir, oir) / 4. Que

97 제8과
1. 비교급 / 2. 최상급 / 3. Il est difficile de ~
4. Il vaut mieux ~ / 5. 서수형용사

111 제9과
1. aller + inf / 2. venir de + inf / 3. pouvoir
4. vouloir / 5. devoir
6. pouvoir, vouloir, devoir + inf / 7. dire   8. faire

125 제10과
인칭대명사

137 제11과
1. 의문대명사 / 2. 의문부사 / 3. jeter 활용
4. acheter 활용 / 5. préférer 활용

150 제12과
1. 대명동사 / 2. en대명사 (1)

163 제13과
1. 복합과거 / 2. 인칭대명사 / 3. il y a ~
4. commencer à + inf.

프랑스어 작문
차례

176 제14과
1. 대명동사의 복합과거 / 2. en과 y대명사 (2)

191 제15과
1. 미래 / 2. si / 3. comme / 4. quand / 5. en의 활용(3)

207 제16과
1. 관계대명사(1) / 2. 접속사 que / 3. le 대명사

219 제17과
1. 반과거 / 2. 의문대명사 / 3. 지시대명사 / 4. en의 활용

232 제18과
1. 관계대명사(2) / 2. 소유대명사 / 3. 비인칭구문

243 제19과
1. 관계대명사(3) / 2. où

256 제20과
1. 대과거 / 2. 전미래

268 제21과
1. 조건법 현재 / 2. Si nous + 반과거

280 제22과
조건법과거

292 제23과
간접화법 (1.시제의 일치 2. 의문문 3. 명령문)

304 제24과
1. 부정구문 / 2. ne ... que / 3. n'avoir qu'à + inf.

316 제25과
1. 접속법 형태와 용법

331 제26과
1. 접속법의 용법 / 2. 접속법 시제의 일치

344 제27과
1. 접속법 / 2. 허사 ne

357 제28과
1. 현재분사 / 2. 제롱디프

370 제29과
1. 수동태 / 2. à + inf / 3. laisser, faire + inf

382 제30과
1. 부정사구문과 복문구조
2. 부정사구문에서 대명사의 위치 / 3. 강조구문

제 1 과

[요점정리]

1. 관사

	부정관사	정관사	부분관사
남성단수	un	le(l')	du(de l')
여성단수	une	la(l')	de la(de l')
남·여성 복수	des	les	

2. **C'est ~** 이것(그것)은 ~입니다.
   Ce n'est pas ~.　　　　　　　　　이것은 ~이 아닙니다.
   Est-ce que c'est ~? (Est-ce ~?)　~ 입니까?
   Ce sont ~　　　　　　　　　　　~들 입니다.
   Ce ne sont pas ~ .　　　　　　　~들이 아닙니다.
   Est-ce que ce sont ~ ?　　　　　~들 입니까?
   Qu'est-ce que c'est?　　　　　　이것은 무엇입니까?

3. **Voici ~ (Voilà)** 여기 ~이 있습니다.

4. **Il y a ~**　~이 있습니다.
   Il n'y a pas de ~　　　~이 없습니다.

5. Qui est ce Monsieur?　이분은 누구십니까?
   → C'est M. Legrand.　르그랑씨 입니다.

연습문제

1. 다음과 같이 질문과 대답을 만들어 보시오.

 | Qu'est-ce que c'est? → C'est un livre.
이것이 무엇입니까?   책입니다.

1) 이것은 노트입니다.
   _____ (un cahier)

2) 이것은 의자입니다.
   _____ (une chaise)

3) 이것은 열쇠입니다.
   _____ (une clé)

4) 이것은 모자입니다.
   _____ (un chapeau)

5) 이것은 만년필입니다.
   _____ (un stylo)

6) 이것은 탁자입니다.
   _____ (une table)

7) 이것은 나무입니다.
   _____ (un arbre)

2. **C'est un livre.** → **Ce sont des livres.**
   책입니다   책들입니다.

   1) C'est un garçon.   → _____
      소년입니다.

   2) C'est une cravate.   → _____
      넥타이입니다.

   3) C'est un tableau.   → _____
      그림입니다.

   4) C'est un arbre.   → _____
      나무입니다.

3. **C'est un livre.** → **Ce n'est pas un livre.**
   책입니다.   책이 아닙니다.

   1) C'est une fenêtre.   → _____
      창문입니다

   2) C'est un étudiant.   → _____
      학생입니다.

   3) Ce sont des fleurs.   → _____
      꽃들입니다.

   4) Ce sont des crayons. → _____
      연필들입니다.

4. 괄호 안의 표현을 이용해 다시 써 보시오.

> C'est un livre.(삐에르의) → C'est le livre de Pierre.
> 이것은 책입니다.   이것은 삐에르의 책입니다.

1) C'est un chapeau. (뱅쌍부인의)
   이것은 모자입니다.
   → _____ (Madame Vincent)

2) C'est une cravate. (미셸의)
   이것은 넥타이입니다.
   → _____ (Michel)

3) C'est un appartement. (내 아저씨의)
   이것은 아파트입니다.
   → _____ (mon oncle)

4) Ce sont des gants. (르그랑양의)
   이것은 장갑입니다.
   → _____ (Mademoiselle Legrand)

5) Ce sont des clés. (우리 아주머니의)
   이것들은 열쇠입니다.
   → _____ (notre tante)

5. 다음과 같이 질문과 대답을 만들어 보시오.

> Voici une table. Est-ce que c'est une chaise?
> 여기 탁자가 있습니다. 의자입니까?
> → Non, ce n'est pas une chaise. C'est une table.
>   아니오, 의자가 아닙니다. 탁자입니다.

1) Voici un dictionnaire. Est-ce que c'est un cahier?
   여기 사전이 있습니다. 노트입니까?
   _____

2) Voici un appartement. Est-ce une école?
   여기 아파트가 있습니다. 학교입니까?
   _____

3) Voici le livre de Jean. Est-ce le livre de Pierre?
   여기 쟝의 책이 있습니다. 삐에르의 책입니까?
   _____

4) Voici une fleur. Est-ce un arbre?
   여기 꽃이 있습니다. 나무입니까?
   _____

5) Voici le train pour Marseille. Est-ce le train pour Paris?
   여기 마르세이유행 열차가 있습니다. 빠리행입니까?
   _____

6) Voici des fenêtres. Est-ce que ce sont des portes?
   여기 창문들이 있습니다. 문들입니까?
   _____

6. 밑줄 친 부분을 바꾸어 써 보시오.

| Il y a <u>du beurre</u>.
| 버터가 있습니다.

1) 포도주가 있습니다.
   _____ (du vin.)

2) 잼이 있습니다.
   _____ (de la confiture)

3) 물이 있습니다.
   _____ (de l'eau)

4) 집이 한 채 있습니다.
   _____ (une maison)

5) 설탕이 있습니다.
   _____ (du sucre)

6) 돈이 있습니다.
   _____ (de l'argent)

7) 꽃들이 있습니다.
   _____ (des fleurs)

8) 기념비가 있습니다.
   _____ (un monument)

7. 다음과 같이 바꾸어 써 보시오.

> **보기**
> Il y a du beurre. → Il n'y a pas de beurre.
> 버터가 있습니다.   버터가 없습니다.

1) Il y a du fromage. → _____
   치즈가 있습니다.

2) Il y a des voitures. → _____
   승용차들이 있습니다.

3) Il y a de l'argent. → _____
돈이 있습니다.

4) Il y a une clé. → _____
열쇠가 있습니다.

5) Il y a un hôtel. → _____
호텔이 있습니다.

8. 밑줄친 부분을 괄호 안의 표현으로 써 보시오.

Qui est <u>ce Monsieur</u>?
이 분은 누구십니까?

1) 이 소년은 누구인가요?
_____ (ce garçon)

2) 이 부인은 누구십니까?
_____ (cette dame)

3) 이 아가씨는 누구십니까?
_____ (cette demoiselle)

9. 질문과 대답을 만들어 보시오.

Qui est ce Monsieur? → C'est Monsieur Duval.
이 분은 누구십니까? (뒤발씨) 뒤발씨 입니다.

1) Qui est cette dame?
   이 부인은 누구십니까? (르그랑부인)
   → _____

2) Qui est ce Monsieur?
   이 분은 누구십니까? (나의 아저씨)
   → _____

3) Qui est ce garçon?
   이 소년은 누구입니까? (삐에르)
   → _____

4) Qui est cette demoiselle?
   이 아가씨는 누구십니까? (뱅쌍양)
   → _____

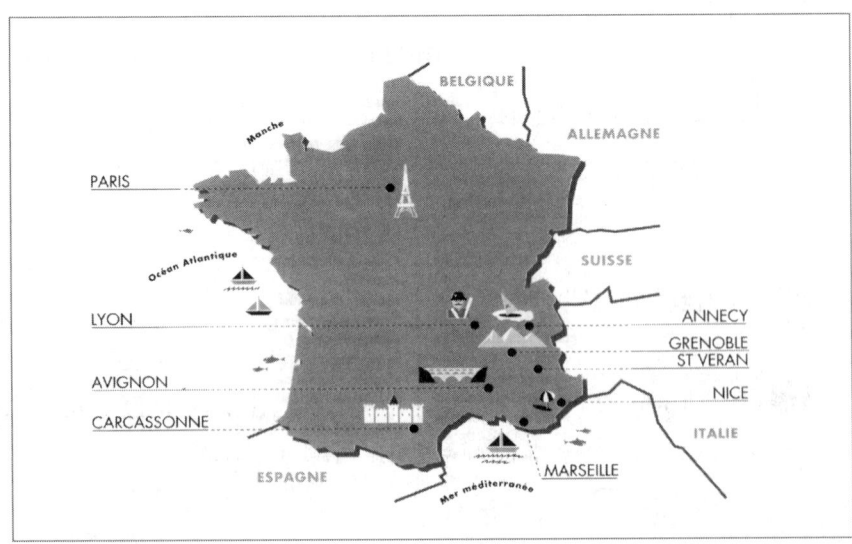

1
1) C'est un cahier.   2) C'est une chaise.
3) C'est une clé.   4) C'est un chapeau.
5) C'est un stylo.   6) C'est une table.
7) C'est un arbre.

2
1) Ce sont des garçons.
2) Ce sont des cravates.
3) Ce sont des tableaux.
4) Ce sont des arbres.

3
1) Ce n'est pas une fenêtre.
2) Ce n'est pas un étudiant.
3) Ce ne sont pas des fleurs.
4) Ce ne sont pas des crayons.

4
1) C'est le chapeau de Madame Vincent.
2) C'est la cravate de Michel.
3) C'est l'appartement de mon oncle.
4) Ce sont les gants de Mademoiselle Legrand.
5) Ce sont les clés de notre tante.

5
1) Non, ce n'est pas un cahier. C'est un dictionnaire.
2) Non, ce n'est pas une école. C'est un appartement.
3) Non, ce n'est pas le livre de Pierre. C'est le livre de Jean.
4) Non, ce n'est pas un arbre. C'est une fleur.
5) Non, ce n'est pas le train pour Paris. C'est le train pour Marseille.
6) Non, ce ne sont pas des portes. Ce sont des fenêtres.

6
1) Il y a du vin.
2) Il y a de la confiture.
3) Il y a de l'eau.
4) Il y a une maison.
5) Il y a du sucre.
6) Il y a de l'argent.
7) Il y a des fleurs.
8) Il y a un monument.

7
1) Il n'y a pas de fromage.
2) Il n'y a pas de voitures.
3) Il n'y a pas d'argent.
4) Il n'y a pas de clé.
5) Il n'y a pas d'hôtel.

8
1) Qui est ce garçon?
2) Qui est cette dame?
3) Qui est cette demoiselle?

9
1) C'est Madame Legrand.
2) C'est mon oncle.
3) C'est Pierre.
4) C'est Mademoiselle Vincent.

CHANSON

POUR TOUTES CES RAISONS, JE T'AIME
(이 모든 이유로 당신을 사랑해)

노래: 앙리코 마시아스

1. Toi, tu m'a donné ton sourire de femme
　　Des larmes sucrées que je n'oublie pas
　　Avec toi, j'ai eu des années lumières
　　Des châteaux des cartes et des feux de bois
　　Pour toutes ces raisons, je t'aime

　　Les nuits de l'exil on était ensemble
　　Mon fils et ma fille ils sont bien de toi
　　Tu es comme moi et je te ressemble
　　Je suis orphelin quand tu n'es pas là
　　Pour toutes ces raisons, je t'aime
　　(Refrain)
　　Je n'ai pas de médailles je suis
　　venu comme ça
　　Je suis un homme, un fou d'amour un fou de toi,
　　J'ai passé ma vie, ma vie à t'attendre
　　Mais j'ai gagné l'amour de toi

2. Les bouquets de fleurs semblent dérisoires
　　Je ne chante plus dès que tu t'en vas
　　Tu connais par coeur ma vie, mon histoire
　　Mes chansons d'amour parlent encore de toi
　　Pour toutes ces raisons, je t'aime
　　(Refrain)

3. J'ai vu dans tes yeux l'eau de la tendresse
　　Qui va du pardon à tes souvenirs
　　Tu n'as rien promis je suis ta promesse
　　Et c'est avec toi que je veux vieillir
　　Pour toutes ces raisons, je t'aime

당신은 나에게 여인의 미소를
내가 잊지 않는 달콤한 눈물을 주었지,
당신과 함께 나는 밝은 세월을, 공상을
그리고 모닥불을 얻었지,
이 모든 이유로 난 당신을 사랑해

유배의 밤에 우리는 함께 있었지
나의 아들과 딸은 당신의 아들과 딸
당신은 나와 같고 나는 당신을 닮았지
당신이 없으면 나는 고아
이 모든 이유로 난 당신을 사랑해

내겐 훈장도 없지만 그냥 왔어
나는 사랑에 미쳤고 당신에게
빠진 한 남자일 뿐
나의 인생은 당신을 기다리면서 보냈지.
하지만 당신의 사랑을 차지했지

꽃다발은 값어치 없게 보이네
당신이 떠나면 더 이상 노래는 안해
당신은 나의 생애와 이력을 속속히
알고 나의 사랑의 노래는 또 당신을 부르네
이 모든 이유로 당신을 사랑해

당신의 눈에서 애정의 물을 보았지
당신의 추억에서 용서를
당신은 아무 약속도 안했지만
나는 당신의 약속
그래서 당신과 함께 살고 싶어
이 모든 이유로 당신을 사랑해.

제 2 과

[요점정리]

1. **Où est ~?** ~는 어디 있습니까?
   Il est dans le jardin.
   그는 정원에 있습니다.

   Où sont ~? ~ 들은 어디 있습니까?
   Ils sont dans le jardin.
   그들은 정원에 있습니다.

2. 소유 형용사

	남성단수	여성단수	복수
나의	mon	ma(mon)	mes
너의	ton	ta(ton)	tes
그의(그녀의)	son	sa(son)	ses
우리의	notre	notre	nos
당신의(당신들의)	votre	votre	vos
그들의(그여자들의)	leur	leur	leurs

   여성명사라도 모음이나 무음h로 시작할때는 mon, ton, son 을 쓰는데 유의.
   내가 다니는 학교   mon école
   내 시계   mon horloge

3. 지시형용사: 이, 그 ~

남성단수	여성단수	복수
ce(cet)	cette	ces

이 분   ce monsieur
이 사람   cet homme
이 부인   cette dame
이 아가씨 cette demoiselle

4. **Comment s' appelle ~**
   ~의 이름이 무엇입니까?

5. **voilà ~**
   여기에(저기에) ~이 있습니다.

6. **Ce livre est à moi.**
   이 책은 내 것이다.

   être à 다음에 강세형대명사 moi, toi, lui(elle), nous, vous, eux(elles)을 쓸 수 있다.

연습문제

1. 보기와 같이 프랑스어로 써 보시오.

    내 차가 어디 있습니까?
   → Où est ma voiture?

   1) 당신의 핸드백이 어디 있습니까?
      _____ (sac à main)

   2) 그녀의 모자가 어디 있습니까?
      _____ (son chapeau)

   3) 삐에르의 책이 어디 있습니까?
      _____ (livre de Pierre)

   4) 내 만년필이 어디 있습니까?
      _____ (mon stylo)

   5) 그의 열쇠가 어디 있습니까?
      _____ (sa clé)

   6) 죠르쥬가 어디 있습니까?
      _____ (Georges)

   7) 그들의 아파트가 어디 있습니까?
      _____ (leur appartement)

2. 당신의 친구들이 어디에 있습니까?
   → *Où sont vos amis?*

   1) 내 자식들이 어디 있습니까?
      _____ (mes enfants)

   2) 쟝의 구두가 어디 있습니까?
      _____ (les souliers de Jean)

   3) 그녀의 부모님이 어디 계십니까?
      _____ (ses parents)

   4) 우리 드레스들이 어디 있습니까?
      _____ (nos robes)

3. 다음과 같이 바꾸어 보시오.

보기	C'est mon livre → Ce sont mes livres. 내 책이다.　　　　　내 책들이다. Ce sont mes livres. → C'est mon livre. 내 책들이다.　　　　　내 책이다.

   1) 당신의 형(동생)이다.
      C'est votre frère.　　→　_____

   2) 그의 넥타이들이다.
      Ce sont ses cravates.　　→　_____

   3) 너의 여자 친구다.
      C'est ton amie.　　→　_____

4) 우리 선생님이시다.
   C'est notre professeur. → _____

4. 다음 질문에 대답해 보시오.

당신 책입니까? (그의)
Est-ce votre livre?

→ 아니오, 내 책이 아닙니다. 그의 책입니다.
   Non, ce n'est pas mon livre. C'est son livre.

1) 당신 시계입니까? (뱅쌍씨의)
   Est-ce votre montre?
   → _____ (M. Vincent)

2) 당신의 노트입니까? (그녀의)
   Est-ce votre cahier?
   → _____ (son)

3) 당신의 구두입니까? (그의)
   Est-ce que ce sont vos souliers?
   → _____ (ses)

4) 당신의 아파트입니까? (그녀의)
   Est-ce votre appartement?
   → _____ (son)

5) 당신의 아이들 입니까? (그들의)
   Est-ce que ce sont vos enfants?
   → _____ (leurs)

5. 보기와 같이 밑줄친 부분을 바꿔 써 보시오.

 집 앞에 승용차가 한 대 있습니다.
Il y a une voiture devant la maison.

1) 집 앞에 나무들이 있습니다.
   _____
   (des arbres devant la maison)

2) 유리컵 안에 물이 있습니다.
   _____
   (de l'eau dans le verre)

3) 탁자의 오른쪽에 의자가 있습니다.
   _____
   (une chaise à droite de la table)

4) 집 뒤에 차고가 있습니다.
   _____
   (un garage derrière la maison)

6. 아래 문장을 다시 써 보시오.

 Mon livre est sur la table.
내 책이 탁자 위에 있다.

1) 당신의 열쇠가 탁자 위에 있다.
   _____ (votre clé)

2) 당신의 열쇠가 거울 앞에 있다.
　　_____ (devant le miroir)

3) 그녀의 꽃들이 거울 앞에 있다.
　　_____ (ses fleurs)

4) 그녀의 꽃들이 정원에 있다.
　　_____ (dans le jardin)

5) 그의 의자는 정원에 있다.
　　_____ (sa chaise)

6) 그의 의자는 문 뒤에 있다.
　　_____ (derrière la porte)

7. 다음 질문에 대답해 보시오.

> **보기**　Où est mon stylo? (탁자 위에) → Il est sur la table.
> 　　　　내 만년필이 어디 있습니까?　　　　탁자 위에 있습니다.

1) Où est le restaurant? (역 부근에)
　식당은 어디 있습니까?
　→ _____ (près de la gare)

2) Où est Monsieur Vincent? (승용차 안에)
　뱅쌍씨는 어디 있습니까?
　→ _____ (dans la voiture)

3) Où est ma clé? (노트 위에)
　내 열쇠가 어디 있습니까?
　→ _____ (sur le cahier)

4) Où est votre ami? (나무 밑에)
당신 친구는 어디 있습니까?
→ _____ (sous l' arbre)

5) Où est votre maison? (우리 대학 앞에)
당신 집은 어디 있습니까?
→ _____ (devant notre université)

8. 보기의 문장을 다음과 같이 다시 써 보시오.

> **보기**
> Comment s' appelle ce monsieur?
> 이 분의 이름은 무엇입니까?

1) 이 아가씨의 이름은 무엇입니까?
→ _____ (cette fille)

2) 이 나무의 이름은 무엇입니까?
→ _____ (cet arbre)

3) 이 소년의 이름은 무엇입니까?
→ _____ (ce garçon)

4) 이 부인의 이름은 무엇입니까?
→ _____ (cette dame)

5) 이 꽃의 이름은 무엇입니까?
→ _____ (cette fleur)

9. 보기와 같이 다시 써 보시오.

 Voilà mon livre. → Ce livre est à moi.
여기 내 책이 있다.   이 책은 내것이다.

1) Voilà votre robe. → _____
   여기 당신 드레스가 있다.

2) Voilà mes souliers. → _____
   여기 내 구두가 있다.

3) Voilà notre appartement. → _____
   여기 우리 아파트가 있다.

4) Voilà son dictionnaire. → _____
   여기 그의 사전이 있다.

5) Voilà leur voiture. → _____
   여기 그들의 승용차가 있다.

6) Voilà son stylo. → _____
   여기 그녀의 만년필이 있다.

해답

1
1) Où est votre sac à main?
2) Où est son chapeau?
3) Où est le livre de Pierre?
4) Où est mon stylo?
5) Où est sa clé?
6) Où est Georges?
7) Où est leur appartement?

2
1) Où sont mes enfants?
2) Où sont les souliers de Jean?
3) Où sont ses parents?
4) Où sont nos robes?

3
1) Ce sont vos frères.
2) C'est sa cravate.
3) Ce sont tes amies.
4) Ce sont nos professeurs.

4
1) Non, ce n'est pas ma montre. C'est la montre de M. Vincent.
2) Non, ce n'est pas mon cahier. C'est son cahier.
3) Non, ce ne sont pas mes souliers. Ce sont ses souliers.
4) Non, ce n'est pas mon appartement. C'est son appartement.
5) Non, ce ne sont pas nos enfants. Ce sont leurs enfants.

5
1) Il y a des arbres devant la maison.
2) Il y a de l'eau dans le verre.

3) Il y a une chaise à droite de la table.
4) Il y a un garage derrière la maison.

6
1) Votre clé est sur la table.
2) Votre clé est devant le miroir.
3) Ses fleurs sont devant le miroir.
4) Ses fleurs sont dans le jardin.
5) Sa chaise est dans le jardin.
6) Sa chaise est derrière la porte.

7
1) Il est près de la gare.
2) Il est dans la voiture.
3) Elle est sur le cahier.
4) Il est sous l' arbre.
5) Elle est devant notre université.

8
1) Comment s'appelle cette fille?
2) Comment s'appelle cet arbre?
3) Comment s'appelle ce garçon?
4) Comment s'appelle cette dame?
5) Comment s'appelle cette fleur?

9
1) Cette robe est à vous.
2) Ces souliers sont à moi.
3) Cet appartement est à nous.
4) Ce dictionnaire est à lui.
5) Cette voiture est à eux.
6) Ce stylo est à elle.

『나는 거리를 어슬렁 어슬렁 걸었네, 낯선 사람에게도 마음을 열고, 누구라도 좋으니 봉주르라고 하고 싶었네… 샹제리제에는 햇빛이 비치거나, 비가 오거나, 낮이나 밤이나, 바라는 것은 무엇이건 다 있다네…』

1960년 조 대생이 불러 크게 히트한 「오 샹제리제」(Aux Champs-Elysées)의 경쾌한 리듬을 떠올리며 샹제리제를 걸어본다.

프랑스 시인 보들레르는 『파리는 모든 추한 것까지도 아름답게 만든다』고 했다. 그렇다면 샹제리제는? 빠리의 심장 샹제리제는 모든 미움까지 사랑으로 만드는 게 아닐까.

늦가을의 빠리는 잿빛 장막처럼 하늘을 덮은 구름과, 회색의 대리석 건물들로 우울하다. 그러나 이런 날 샹제리제에 나가면 기분이 한결 나아진다. 샹제리제는 웬지 사람을 들뜨게 하는 묘한 분위를 연출한다.

고상함과 속물적인 것들, 예술과 상업, 문화와 인공이 다양하게 절제된 조화를 이뤄 무겁지도 천박하지도 않다.

동서로 2Km에 걸쳐 활주로처럼 쭉 뻗어있는 샹제리제는 동쪽 끝인 콩코르드광장에서 서쪽 끝인 개선문을 바라보며 걷는 것이 오르막이긴 해도 역시 좋다. 툭 터진 대로의 한가운데 멀리 신기루처럼 느껴지던 개선문이 점차 뚜렷이 다가오는 원근감이 좋다.

낙엽이 뒹구는 가로공원의 벤치는 연인과 노부부 등 파리지앵의 자리로 돌아왔다.

양쪽의 가로공원이 끝나는 곳은 「그랑 팔레(Grand Palais)」이다. 피카소의 초상화 작품 150여점을 모은 전시회가 열리고 있다. 벌써 개막한 지 한달이 되어가고 있는데도 관람객들의 발길이 끊이지 않고 있다. 길 건너 「쁘티 팔레(Petit Palais)」와 함께 1900년 세계박람회 개최를 기념해 지은 「그랑 팔레」는 아르데코 건축양식의 독특한 분위기. 르네상스의 미술 조각품 등을 소장하고 있는 이 건물이 있어 샹젤리제는 더욱 빛이 난다.

거리의 군밤 장수한테 군밤 한봉지를 10프랑(1,600원)에 사고 시라크 대통령이 사는 엘리제궁을 오른편으로 바라보고 걸으면 유명한 로터리인 「롱 뽀앵(Rond Point)」이 나타난다.

「롱 뽀앵」에서부터 개선문까지는 풍경이 달라진다. 콩코르드광장 쪽의 한적한 공원 분위기에서 활력이 넘치는 분위기로 극적인 반전이 이뤄지는 것이다. 화려하게 쇼윈도우를 장식한 유명 브랜드의 부띠끄와 카페, 영화관 등이 즐비하게 이어진다. 르노와 푸조, 벤츠 등 자동차 전시장, 은행, 환전소, 여행사들이 들어선 7~8층 석조 건물들이 어깨를 맞대고 있다.

「조지5세 대로」로 접어드는 길목에 있는 카페 「푸케」는 관광객들로 만원이다. 레마르크의 소설 「개선문」의 무대가 된 이 카페에서는 재수 좋으면 영화에서나 보는 세계적 스타들을 만날 수 있다. 길 건너편 카바레 「리도」 앞에는 언제나 관광객들이 타고 온 전세버스가 대로 한 켠을 차지하고 있다. 리도는 힐리우드 식이라는 비판이 있긴 하나 「크레이지 호스」 「물랭 루즈」와 함께 프랑스 쇼의 자존심으로 불이 꺼지는 날이 없다. 샹젤리제 기행의 종점은 12개 방향의 방사선 도로가 뻗은 「샤를르 드골 에투왈르 광장」. 한가운데 서있는 개선문에서 동쪽으로는 콩코르드 광장의 오벨리스크탑이, 서쪽으로는 파리 외곽 라데팡스 지역에 우뚝 솟은 제2개선문 「그랑 다르쉬」가 보인다.

제 3 과

[요점정리]

1. 형용사의 여성형
   원칙적으로 「남성형+e」: grand → grande 큰
   그러나, jeune → jeunc 젊은
   　　　　 bon → bonne 좋은
   　　　　 léger → légère 가벼운
   　　　　 curieux → curieuse 호기심 많은

   ○ 특수한 경우:
   　　　　 beau (bel) → belle 멋진, 아름다운
   　　　　 nouveau (nouvel) → nouvelle 새로운
   　　　　 vieux (vieil) → vieille 늙은

2. 형용사의 위치
   원칙적으로 명사의 뒤에 놓인다. 그러나 bon, petit, beau 처럼 짧고, 빈도 높은 형용사는 명사 앞에 놓인다.
   색깔, 형태, 종교, 국적 등의 형용사는 명사 뒤에 놓인다.

3. 명사의 복수형
   원칙적으로 「단수형+s」: une fille → des filles 아가씨들
   그러나, un nez 코 → des nez
   　　　　 un chapeau 모자 → des chapeaux
   　　　　 un journal 신문 → des journaux

○ 특수한 경우:
> un œil 눈 → des yeux
> un œuf [œf]계란 → des œufs [ø]

4. **avoir 동사**:
   j'ai, tu as, il a
   nous avons, vous avez, ils ont

5. J'ai un livre.　　　　　　나는 책을 한 권 갖고 있다.
   → Je n'ai pas de livre.　　나는 책을 갖고 있지 않다.

6. Combien de livres avez-vous?
   얼마나 많은 책을 갖고 계십니까?
   J'ai cinq livres.
   나는 다섯 권의 책을 갖고 있습니다.

7. 수(數)
1. un, une	2. deux	3. trois
4. quatre	5. cinq	6. six
7. sept	8. huit	9. neuf
10. dix	11. onze	12. douze
13. treize	14. quatorze	15. quinze
16. seize	17. dix-sept	18. dix-huit
19. dix-neuf	20. vingt	

연습문제

1. 보기와 같이 알맞는 형용사로 문장을 만들어 보시오.

> Cet arbre est grand.
> 이 나무는 크다.

1) 이 그림은 아름답다.
   → _____ (beau)

2) 이 소녀는 심술궂다.
   → _____ (méchant)

3) 이 집은 작다.
   → _____ (petit)

4) 이 부인은 나이 드셨다.
   → _____ (vieux)

5) 이 드레스는 흰색이다.
   → _____ (blanc)

2. 보기와 같이 다시 써 보시오.

> Ma chambre n'est pas grande. 내 집은 크지 않다.
> → Elle est petite. 내 집은 작다.

1) Cet homme n'est pas riche.
   이 사람은 부유하지 않다.
   → _____ (pauvre)

2) Cette question n'est pas difficile.
   이 질문은 어렵지 않다.
   → _____ (facile)

3) Cette valise n'est pas lourde.
   이 가방은 무겁지 않다.
   → _____ (léger)

4) Cette robe n'est pas courte.
   이 원피스는 짧지 않다.
   → _____ (long)

3. 보기와 같이 복수형으로 만들어 보시오.

> **보기**
>
> Ce livre est mince. → Ces livres sont minces.
> 이 책은 얇다.   이 책들은 얇다.

1) Ce chapeau est beau.   → _____
   이 모자는 멋지다.

2) Cet oeuf est gros.   → _____
   이 계란은 굵다.

3) Ce journal est intéressant. → _____
   이 신문은 흥미있다.

4) Ce problème est important. → _____
   이 문제는 중요하다.

4. 보기의 문장을 다시 써 보시오.

> **보기**
> J'ai des amis à Paris.
> 나는 빠리에 친구들이 있다.

1) 그는 빠리에 친구들이 있다.
   → _____ (il)

2) 우리는 빠리에 친구들이 있다.
   → _____ (nous)

3) 당신은 빠리에 친구들이 있다.
   → _____ (vous)

4) 뽈과 쟌느는 빠리에 친구들이 있다.
   → _____ (Paul et Jeanne)

5) 그녀는 빠리에 친구들이 있다.
   → _____ (elle)

5. 다음과 같이 부정문으로 만들어 보시오.

> **보기**
> J'ai un livre.   → Je n'ai pas de livre.
> 나는 책을 갖고 있다.   나는 책을 갖고 있지 않다.

1) Elle a des frères.
   그녀는 남자 형제들이 있다.
   → _____

2) Nous avons de l'argent.
   우리는 돈을 갖고 있다.
   → _____

3) J'ai le livre de Pierre.
   나는 삐에르의 책을 갖고 있다.
   → _____

4) Ils ont des amis à Paris.
   그들은 빠리에 친구들이 있다.
   → _____

6. 다음 질문에 대답해 보시오.

   보기
   Avez-vous des sœurs? (Non)
   여자 형제들이 있습니까?
   → Non, Je n'ai pas de soeurs.
      아니오, 나는 여자 형제가 없습니다.

1) A-t-il une tante? (Oui)
   그는 숙모가 있습니까?
   → _____

2) Avez-vous des cigarettes? (Non)
   담배를 갖고 있습니까?
   → _____

3) Ont-ils des enfants? (Non)
   그들은 자식들이 있습니까?
   → _____

7. 다음과 같이 의문문을 만들어 보시오.

   보기 Vous avez une voiture. → Avez-vous une voiture?
   당신은 차를 갖고 있습니다.   당신은 차를 갖고 있습니까?

   1) Ile ont des valises.
      그들은 여행가방을 갖고 있다.
      → _____

   2) Nous avons un appartement.
      우리는 아파트를 갖고 있다.
      → _____

   3) Madame Vincent a des fleurs.
      뱅쌍부인은 꽃들을 갖고 있다.
      → _____

   4) Vous n'avez pas d'eau.
      당신은 물을 갖고 있지 않다.
      → _____

8. 다음과 같이 다시 써 보시오.

> **보기**
>
> Cet hôtel est grand. → C'est un grand hôtel.
> 이 호텔은 크다.   이것은 큰 호텔이다.
>
> Cette robe est noire. → C'est une robe noire.
> 이 드레스는 검다.   이것은 검은 드레스이다.

1) Cette fille est jolie.
   이 아가씨는 예쁘다.
   → _____

2) Cette chambre est commode.
   이 방은 편리하다.
   → _____

3) Ce chandail est jaune.
   이 스웨터는 노란색이다.
   → _____

4) Ce fromage est bon.
   이 치즈는 좋다.
   → _____

9. 보기의 문장을 다시 써보시오.

> Combien de livres avez-vous?
> 얼마나 많은 책을 갖고 있습니까?

1) 그녀는 얼마나 많은 원피스를 갖고 있습니까?
   → _____ (robe)

2) 이 소년은 얼마나 많은 남자형제를 갖고 있습니까?
   → _____ (frère)

3) 당신은 몇 명의 자매를 갖고 있습니까?
   → _____ (sœur)

10. 다음 질문에 답하시오.

> **보기**
>
> Combien de livres avez-vous? (5권)
> 당신은 책을 몇 권 갖고 있습니까?
> → J'ai cinq livres.
>   나는 5권의 책을 갖고 있습니다.

1) Combien de tableaux a M. Vincent? (4점)
   뱅쌍씨는 그림을 몇 점 갖고 있습니까?
   → _____

2) Combien d'argent avez-vous? (20유로)
   당신은 돈을 얼마나 갖고 있습니까?
   → _____

3) Combien de cahiers a-t-elle? (12권)
   그녀는 몇 권의 노트를 갖고 있습니까?
   → _____

4) Combien de pièces a cette maison?
   이 집은 몇 개의 방이 있습니까?
   → _____

해답

1
1) Ce tableau est beau.
2) Cette fille est méchante.
3) Cette maison est petite.
4) Cette dame est vieille.
5) Cette robe est blanche.

2
1) Il est pauvre.
2) Elle est facile.
3) Elle est légère.
4) Elle est longue.

3
1) Ces chapeaux sont beaux.
2) Ces oeufs sont gros.
3) Ces journaux sont intéressants.
4) Ces problèmes sont importants.

4
1) Il a des amis à Paris.
2) Nous avons des amis à Paris.
3) Vous avez des amis à Paris.
4) Paul et Jeanne ont des amis à Paris.
5) Elle a des amis à Paris.

5
1) Elle n'a pas de frères.
2) Nous n'avons pas d'argent.
3) Je n'ai pas le livre de Pierre.
4) Ils n'ont pas d'amis à Paris.

6
1) Oui, il a une tante.
2) Non, je n'ai pas de cigarettes.
3) Non, ils n'ont pas d'enfants.

7
1) Ont-ils des valises?
2) Avons-nous un appartement?
3) Madame Vincent a-t-elle des fleurs?
4) N'avez-vous pas d'eau?

8
1) C'est une jolie fille.
2) C'est une chambre commode.
3) C'est un chandail jaune.
4) C'est un bon fromage.

9
1) Combien de robes a-t-elle?
2) Combien d'enfants ont-ils?
3) Combien de frères a ce garçon?
4) Combien de soeurs avez-vous?

10
1) Il a quatre tableaux.
2) J'ai vingt euros.
3) Elle a douze cahiers.
4) Elle a sept pièces.

프랑스어 사용법

　프랑스 민간 단체인 「프랑스어 보호협회」와 「프랑스어의 미래협회」는 최근 북부 로렌지방 소재의 조지아 테크 로렌대학이 인터넷을 통한 대학홍보를 영어로만 했다며 97년 1월, 관련법규 위반으로 법원에 손해배상 청구소송을 제기했다. 미국 조지아 공대의 프랑스 분교인 이 학교가 투봉법을 어겼다는 이유에서다.
　투봉법은 프랑스어를 보호하기 위해 94년 당시 문화부장관이던 자크 투봉의 이름을 따 제정된 법으로, 국내 모든 상품 및 서비스「광고」는 반드시 프랑스어를 사용해야 하며 외국어 광고인 경우 프랑스어 번역문을 병행토록 의무화하고 있다.
　이들 단체는 빠리법원에서 열린 심리에서 『조지아 테크 로렌대학은 인터넷을 통해 분명히 광고행위를 하고 있으며 인터넷에도 투봉법이 적용돼야 한다』고 주장했다. 이에 대해 대학측은 『인터넷의 웹 사이트는 정보전달 수단일 뿐 결코 광고매체가 아니다』며 『웹 사이트는 개인간의 전화통화와 같은 것이어서 법이 간섭할 대상이 아니다』고 항변했다.
　이들 단체는 지난해 미키 마우스 장난감의 안전사용표시에 프랑스어 번역을 병행하지 않은 디즈니상점, 컴퓨터 게임기기에 영어사용 안내서만 첨부한 가전양판점, 화장품에 영어라벨만 부착한 영국계 화장품 유통체인 등을 상대로 소송을 벌여 승소했다. 이번 소송의 주체는 사실상 프랑스 정부라고 할 수 있다. 프랑스어 보호협회등은 정부에 등록된 단체로 그동안 투봉법의 감시활동 및 관련소송을 벌이면서 문화부의 자금지원을 받아왔기 때문이다.
　이와 관련, 프랑스의 문화부와 정보통신부는 96년 인터넷 등 컴퓨터 정보통신망을 통한 영어침투를 방어하기 위한 새로운 법제정의 필요성을 검토하는 연구작업을 벌이기도 했다.

제 4 과

[요점정리]

1. **avoir**를 이용한 관용구

avoir mal	à la tête	머리가 아프다
	à la gorge	목이 아프다
	aux dents	이가 아프다
	à l'estomac	위가 아프다
	au cœur	가슴이 메스껍다
avoir	bonne mine	안색이 좋다
	mauvaise mine	안색이 좋지 않다
	sommeil	졸립다
	congé	휴가를 갖다
	de la chance	운이 좋다
avoir	faim	배가 고프다
	soif	목마르다
	raison	(판단이) 옳다
	tort	(판단이) 그르다
	chaud	더위를 느끼다
	froid	추위를 느끼다
avoir	le temps de + inf.	~할 시간이 있다
	envie de	~하고 싶다
	besoin de	~이 부족하다
	peur de	~를 두려워 하다

2. Est-ce qu'il y a un livre sur la table?
 탁자 위에 책이 있습니까?
 Y a-t-il un livre sur la table?
 탁자 위에 책이 있습니까?

 Qu'est-ce qu'il y a dans le salon?
 거실에는 무엇이 있습니까?
 Il n'y a plus de vin dans le verre.
 유리컵에는 더 이상 포도주가 없습니다.

3. Combien de jours y a-t-il dans une semaine?
 1주일에는 몇일이 있습니까?

4. Quel âge avez-vous? — J'ai dix-neuf ans.
 몇살이십니까?　　　　19살입니다.

5. **aller** 동사:
 je vais, tu vas, il va
 nous allons, vous allez, ils vont

연습문제

1. 보기의 문장을 이용해 프랑스어로 써 보시오.

> J'ai mal <u>à la tête</u> depuis <u>hier</u>.
> 나는 어제부터 머리가 아프다.

1) 나는 어제 저녁부터 머리가 아프다.
   _____ (hier soir)

2) 나는 어제 저녁부터 목이 아프다.
   _____ (à la gorge)

3) 나는 오늘 아침부터 목이 아프다.
   _____ (ce matin)

4) 나는 오늘 아침부터 이가 아프다.
   _____ (aux dents)

5) 나는 어제 아침부터 이가 아프다.
   _____ (hier matin)

6) 나는 어제 아침부터 위가 아프다.
   _____ (à l'estomac)

7) 나는 지난 주부터 위가 아프다.
   _____ (la semaine dernière)

2. avoir를 이용한 표현을 활용해 보시오.

> Elle a faim.
> 그녀는 배가 고프다.

1) 그녀는 더워한다.
   _____ (avoir chaud)

2) 그녀는 안색이 나쁘다.
   _____ (avoir mauvaise mine)

3) 그녀는 옳다.
   _____ (avoir raison)

4) 그녀는 목이 마르다.
   _____ (avoir soif)

5) 그녀는 졸립다.
   _____ (avoir sommeil)

6) 그녀는 잘못 생각하고 있다.
   _____ (avoir tort)

3. 의문문을 만들어 보시오.

> Il y a un livre sur la table.
> 탁자 위에 책이 있습니다.
> → Y a-t-il un livre sur la table?
>   탁자 위에 책이 있습니까?

1) Il y a du fromage dans le réfrigérateur.
   냉장고 안에 치즈가 있다.
   → _____

2) Il y a des voitures sur la route.
   도로에는 승용차들이 있다.
   → _____

3) Il y a une table dans la salle à manger.
   식당에는 탁자가 있다.
   → _____

4) Il y a du café dans la tasse.
   찻잔에는 커피가 있다.
   → _____

4. 보기의 문장을 이용해 다시 써 보시오.

> **보기**
>
> Combien de jours y a-t-il dans une semaine?
> 일주일에는 몇일이 있습니까?

1) 한달에는 몇 일이 있습니까?
   _____ (un mois)

2) 한달에는 몇 주일이 있습니까?
   _____ (une semaine)

3) 1년에는 몇 달이 있습니까?
   _____ (une année)

4) 1년에는 몇 개의 계절이 있습니까?
_____ (une saison)

5. 부정문으로 만들어 보시오.

> **보기**
>
> J'ai soif.   → Je n'ai pas soif.
> 나는 목마르다.   나는 목마르지 않다.

1) Nous avons congé. 우리는 휴가가 있다.
   → _____

2) Elle a des enfants. 그녀는 자식들이 있다.
   → _____

3) J'ai de la chance. 나는 운이 좋다.
   → _____

4) Il y a un divan dans le salon. 거실에는 소파가 있다.
   → _____

5) J'ai mal à l'estomac. 나는 위가 아프다.
   → _____

6. 다음 질문에 답해보시오.

> **보기**
>
> Qu'est-ce qu'il y a dans le salon? (피아노)
> 거실에 무엇이 있습니까?
> → Il y a un piano.
>   피아노가 있습니다.

1) Qu'est-ce qu'il y a devant la gare? (우체국)
   역 앞에 무엇이 있습니까?
   _____

2) Qu'est-ce qu'il y a dans la bouteille? (포도주)
   병 안에 무엇이 있습니까?
   _____

3) Combien d'étudiants y a-t-il dans votre classe? (60명)
   교실에는 몇 명의 학생이 있습니까?
   _____

4) Combien de semaines y a-t-il dans un mois? (4주)
   1개월에는 몇 주일이 있습니까?
   _____

7. 아래 문장을 다시 써 보시오.

   보기 | Je vais à la poste. 나는 우체국에 간다.

   1) 그는 우체국에 간다.
      → _____ (il)

   2) 당신은 우체국에 간다.
      → _____ (vous)

   3) 그녀는 우체국에 간다.
      → _____ (elle)

   4) 우리는 우체국에 간다.
      → _____ (nous)

5) 그들은 우체국에 간다.
    → _____ (ils)

8. 다음 질문에 답해 보시오.

   > **보기** Quel âge avez-vous? (22세) → J'ai vingt-deux ans.
   >   몇 살이십니까?   스물두살입니다.

   1) Quel âge a votre fils? (14세)
      당신 아들은 몇 살입니까?
      → _____

   2) Quel âge a votre mère? (71세)
      당신 어머니는 몇 살이신가요?
      → _____

   3) Quel âge a-t-il? (19세)
      그는 몇 살인가요?
      → _____

9. 의문문을 만들어 보시오.

   > **보기** Il va au théâtre. → Va-t-il au théâtre?
   >   그는 극장에 간다.   그는 극장에 가나요?

   1) Nous allons au cinéma.
      우리는 영화관에 간다.
      → _____

2) Jeanne va chez son oncle.
   쟌느는 자기 아저씨댁에 간다.
   → _____

3) Vous allez au concert.
   당신은 콘서트에 간다.
   → _____

4) Ils vont à l'école.
   그들은 학교에 간다.
   → _____

10. 보기의 문장을 다시 써 보시오.

> **보기** J'ai le temps d'étudier le français.
> 나는 프랑스어를 공부할 시간이 있다.

1) 나는 영화보러 갈 시간이 있다.
   _____ (aller au cinéma)

2) 나는 영화보러 가고 싶다.
   _____ (avoir envie de)

3) 나는 집에 있고 싶다.
   _____ (rester à la maison)

4) 나는 집에 머물 필요가 있다.
   _____ (avoir besoin de)

11. ne ~ plus를 이용해 문장을 만들어 보시오.

> Il n'y a plus de vin dans le verre.
> 유리컵에 더 이상 포도주가 없다.

1) 교실 안에 더 이상 학생들이 없다.
   _____

2) 정원에 더 이상 꽃들이 없다.
   _____

3) 집에 더 이상 버터가 없다.
   _____

해답

1
1) J'ai mal à la tête depuis hier soir.
2) J'ai mal à la gorge depuis hier soir.
3) J'ai mal à la gorge depuis ce matin.
4) J'ai mal aux dents depuis ce matin.
5) J'ai mal aux dents depuis hier matin.
6) J'ai mal à l'estomac depuis hier matin.
7) J'ai mal à l'estomac depuis la semaine dernière.

2
1) Elle a chaud.
2) Elle a mauvaise mine.
3) Elle a raison.
4) Elle a soif.
5) Elle a sommeil.
6) Elle a tort.

3
1) Y a-t-il du fromage dans le réfrigérateur?
2) Y a-t-il des voitures sur la route?
3) Y a-t-il une table dans la salle à manger?
4) Y a-t-il du café dans la tasse?

4
1) Combien de jours y a-t-il dans un mois?
2) Combien de semaines y a-t-il dans un mois?
3) Combien de semaines y a-t-il dans une année?
4) Combien de saisons y a-t-il dans une année?

5
1) Nous n'avons pas congé.
2) Elle n'a pas d'enfants.
3) Je n'ai pas de chance.
4) Il n'y a pas de divan dans le salon.
5) Je n'ai pas mal à l'estomac.

6
1) Il y a une poste.
2) Il y a du vin.
3) Il y a soixante étudiants.
4) Il y a quatre semaines.

7
1) Il va à la poste.   2) Vous allez à la poste.
3) Elle va à la poste.   4) Nous allons à la poste.
5) Ils vont à la poste.

8
1) Il a quatorze ans.
2) Elle a soixante et onze ans.
3) Il a dix-neuf ans.

9
1) Allons-nous au cinéma?
2) Jeanne va-t-elle chez son oncle?
3) Allez-vous au concert?
4) Vont-ils à l'école?

10
1) J'ai le temps d'aller au cinéma.
2) J'ai envie d'aller au cinéma.
3) J'ai envie de rester à la maison.
4) J'ai besoin de rester à la maison.

11
1) Il n'y a plus d'étudiants dans la classe.
2) Il n'y a plus de fleurs dans le jardin.
3) Il n'y a plus de beurre à la maison.

프랑스의 학생생활

사립과 특수학교를 제외한 프랑스의 대학은 학비가 거의 들지 않는다. 그러나 학생들 대부분은 스스로가 용돈을 벌어야 한다. 만약 여유있는 부모가 용돈을 주거나 집을 따로 구해주는 경우라 할지라도 모자라는 돈이나 그 집의 운영비는 자신이 해결해야 하는 경우가 많다. 사실 물가가 비싼 빠리에서 스스로 독립된 생활을 해나가자면 그 부담은 만만치 않다.

이들의 「생활고」는 당장 옷차림에서부터 나타난다. 유행이 지나도 한참 지난 것 같은 이들의 복장은 너무도 제각각이어서 빠리가 과연 패션의 도시인가하는 의문을 갖게 할 정도다.

또한 빠리의 대학들은 대부분 캠퍼스라고는 건물밖에 없어 만약 학생이 차를 가졌다 하더라도 주차는 일반 직장인들과 똑같은 조건에서 해결해야 한다. 때문에 이들이 차를 몰고 시내로 나오는 것은 불가능하다. 점심때면 학생식당과 학교 주변의 샌드위치 가게에는 끼니를 해결하려는 학생들로 장사진을 이룬다.

그렇다면 프랑스의 대학생들은 과연 어디에 돈을 쓸까. 물론 이들이 소비생활을 전혀 하지 않는 것이 아니다. 먹고 입는데서 절약한 돈은 주로 문화생활과 기타 여가생활로 돌려진다. 물론 이런 돈조차 최소한이다. 극장은 학생 할인, 음반을 산다면 중고CD, 각종 공연장의 제일 싼 자리(극장 위쪽에 있다고 하여 「Paradis: 천국」이라 부르는)에는 어김없이 이들 젊은이들이 자리잡고 있다.

술집에서는 맥주 한잔을 놓고 두세시간을 보내기도 한다. 그나마 술을 좀 마셔야 할 기회가 있다면 친구의 집에 먹을 것, 마실 것을 싸가지고 가서 「절약형 파티」를 연다.

여름이면 프랑스의 젊은이들도 다른 프랑스 사람들 처럼 바캉스를 떠난다. 그러나 평소에 쪼들리며 살아온 이들에게 바캉스 여비가 넉넉할 리 없다. 오히려 남들이 지중해로, 태평양으로 여행을 떠나는 여름철이야말로 이들이 돈을 벌 수 있는 좋은 기회가 아닐 수 없다. 거의 모든 국민이 바캉스를 즐기므로 자연히 일손이 부족한 곳이 생기게 마련이고, 그런 곳에서 번돈으로 뒤늦게나마 바캉스를 떠나거나 다음 학기 생활비에 요긴하게 보태기도 한다. 특히 지방에서는 과수원의 열매따는 일, 포도밭의 허드렛일 등 이른바 3D 업종이 젊은이들의 몫이 된다.

제 5 과

[요점정리]

1. 동사원형을 이용한 표현.
Je voudrais ~.	~를 원하고 있습니다.
Voulez-vous ~?	~를 원하십니까?
J'aimerais ~.	~ 하고 싶습니다.
Savez-vous ~?	~할 줄 아십니까?
Permettez-moi de ~.	~ 하겠습니다.
Il faut ~.	~ 해야 합니다.
Il ne faut pas ~.	~해서는 안됩니다.
J'aurais dû ~.	나는 ~했어야 합니다.
Je n'aurais pas dû ~.	~해서는 안되었습니다.
Vous auriez dû ~.	~하셨어야 합니다.
Vous n'auriez pas dû ~.	~는 하지 마셨어야 합니다.

2. Je voudrais un livre.
   나는 책 한 권을 원합니다.

   Voulez-vous du thé?
   차를 원하십니까?

3. Combien de temps faut-il pour aller à la gare?
   역까지 가는데 얼마나 걸립니까?

4. **Quelle heure est-il?** 지금 몇시입니까?

Il est une heure.	1시입니다.
quatre heures et quart	4시 15분
cinq heures et demie	5시 30분
neuf heures moins le quart	9시 15분 전
six heures dix-sept	6시 17분
midi	정오
midi et demi	낮 12시 30분
minuit	자정
minuit et demi	0시 30분

5. **Quel temps fait-il?** 날씨가 어떻습니까?

Il fait beau.   날씨가 좋습니다.
Il pleut.   비가 옵니다.

연습문제

1. 보기 문장의 밑줄친 부분을 다시 써 보시오.

> **보기**
> Je voudrais <u>aller au théâtre</u>.
> 나는 극장에 가고 싶습니다.

1) 나는 좋은 사전을 갖고 싶습니다.
   _____ (un bon dictionnaire)

2) 나는 구두를 사고 싶습니다.
   _____ (acheter, des souliers)

3) 나는 여기 머물고 싶습니다.
   _____ (rester, ici)

> **보기**
> Permettez-moi de <u>vous présenter Mme Legrand</u>.
> 당신께 르그랑부인을 소개하겠습니다.

4) 창문을 열겠습니다.
   _____ (ouvrir la fenêtre)

5) 앉아 있겠습니다.
   _____ (rester assis)

6) 질문하겠습니다.
   _____ (poser une question)

Voulez-vous <u>acheter ce livre</u>?
이 책을 사고 싶으신가요?

7) 차를 한 잔 드시겠습니까?
   _____ (une tasse de thé)

8) 역에 가고 싶으십니까?
   _____ (à la gare)

9) 우리집에 오시겠습니까?
   _____ (chez moi)

2. 밑줄친 부분을 다시 써 보시오.

   보기 Je voudrais <u>un livre</u>.   나는 책을 한 권 원합니다.

   1) 나는 만년필을 원합니다.
      _____ (un stylo)

   2) 나는 계란을 원합니다.
      _____ (des œufs)

   3) 나는 비누를 원합니다.
      _____ (un savon)

   4) 나는 우산을 원합니다.
      _____ (un parapluie)

   5) 나는 꽃들을 원합니다.
      _____ (des fleurs)

보기 Voulez-vous du <u>thé</u>? 차를 원하십니까?

6) 커피를 원하십니까?
   _____ (du café)

7) 담배를 원하십니까?
   _____ (une cigarette)

8) 물을 원하십니까?
   _____ (de l'eau)

9) 설탕을 원하십니까?
   _____ (du sucre)

3. 다음을 부정문으로 만들어 보시오.

보기
Il faut dire la vérité à Marie.
마리에게 진실을 말해야 한다.
→ Il ne faut pas dire la vérité à Marie.
   마리에게 진실을 말해서는 안된다.

1) Il faut changer de métier.
   직업을 바꾸어야 한다.
   → _____

2) Vous auriez dû annoncer cette nouvelle.
   당신은 이 소식을 알렸어야 했다.
   → _____

3) Il faut fermer la porte.
문을 닫아야 한다.
→ _____

4) J'aurais dû sortir hier soir.
나는 어제 저녁에 외출했어야 했다.
→ _____

4. 보기 문장의 밑줄친 부분을 바꾸어 보시오.

> **보기** Il faut <u>du courage</u> pour <u>être honnête</u>.
> 솔직해지기 위해서는 용기가 필요하다.

1) 진실을 알기 위해서는 용기가 필요하다.
_____ (savoir la vérité)

2) 진실을 알기 위해서는 인내가 필요하다.
_____ (de la patience)

3) 외국어를 익히기 위해서는 인내가 필요하다.
_____ (une langue étrangère)

4) 외국어를 익히기 위해서는 시간이 필요하다.
_____ (du temps)

5) 이 일을 끝내기 위해서는 시간이 필요하다.
_____ (finir ce travail)

5. 밑줄친 부분의 내용을 바꾸어 써 보시오.

> Il faut <u>lire beaucoup</u> pour <u>réussir à l'examen</u>.
> 시험에 성공하기 위해서는 많이 읽어야 한다.

1) 시험에 성공하기 위해서는 공부를 많이 해야 한다.
   _____ (travailler)

2) 프랑스어를 익히기 위해서는 공부를 많이 해야 한다.
   _____ (apprendre le français)

3) 프랑스어를 익히기 위해서는 선생님 말씀을 잘 들어야 한다.
   _____ (écouter le professeur)

4) 성과를 올리기 위해서는 선생님 말씀을 잘 들어야 한다.
   _____ (faire des progrès)

6. 다음의 시간을 써 보시오.

> Quelle heure est-il? → Il est une heure.
> 몇 시입니까?   1시입니다.

1) 3시입니다.
   → _____

2) 5시 반입니다.
   → _____

3) 9시 10분입니다.
   → _____

4) 정오입니다.
   → _____

5) 11시 45분입니다.
   → _____

6) 1시 17분입니다.
   → _____

7. 날씨에 관한 문장을 써 보시오.

> **보기**
> Quel temps fait-il? → Il fait beau.
> 날씨가 어떻습니까?   날씨가 좋습니다.

1) 날씨가 나쁩니다.
   → _____

2) 비가 옵니다.
   → _____

3) 더운 날씨입니다.
   → _____

4) 눈이 옵니다.
   → _____

8. 다음 문장을 활용해 보시오.

> **보기**
> J'aimerais voyager en avion.
> 나는 비행기로 여행하고 싶습니다.

1) 나는 공원을 한 바퀴 돌고 싶습니다.
_____ (faire un tour)

2) 나는 오늘 저녁 이전에 일을 끝내고 싶습니다.
_____ (avant ce soir)

3) 나는 여기서 그의 도착을 기다리고 싶습니다.
_____ (son arrivée)

> **보기**
>
> Vous auriez dû arriver à temps.
> 당신은 제 시간에 오셨어야 합니다.

4) 당신은 즉각 떠났어야 한다.
_____ (tout de suite)

5) 당신은 우측통행을 했어야 한다.
_____ (garder vorte droite)

6) 당신은 집에 돌아갔어야 한다.
_____ (rentrer chez vous)

> **보기**
>
> Savez-vous conduire?
> 운전할 줄 아십니까?

7) 프랑스어를 할 줄 아십니까?
_____ (parler français)

8) 피아노를 연주할 줄 아십니까?
_____ (jouer du piano)

9) 타이핑할 줄 아십니까?
   _____ (taper à la machine)

9. 다음 질문에 답해 보시오.

> **보기**
>
> Combien de temps faut-il pour aller à la gare? (10분)
> 역까지 가는데 얼마나 걸립니까?
> → Il faut dix minutes pour aller à la gare.
>   역까지 10분 걸립니다.

1) Combien d'heures faut-il pour finir ce travail? (3시간)
   이 일을 끝내려면 얼마나 걸립니까?
   → _____

2) Combien d'argent faut-il pour acheter cette maison?
   (4백만 프랑)
   이 집을 사려면 돈이 얼마나 필요합니까?
   → _____

3) Combien de minutes faut-il pour taper cette lettre? (25분)
   이 편지를 타자하려면 몇 분 걸립니까?
   → _____

해답

1
1) Je voudrais avoir un bon dictionnaire.
2) Je voudrais acheter des souliers.
3) Je voudrais rester ici.
4) Permettez-moi d'ouvrir la fenêtre.
5) Permettez-moi de rester assis(e).
6) Permettez-moi de poser une question.
7) Voulez-vous prendre une tasse de thé?
8) Voulez-vous aller à la gare?
9) Voulez-vous venir chez moi?

2
1) Je voudrais un stylo.
2) Je voudrais des œufs.
3) Je voudrais un savon.
4) Je voudrais un parapluie.
5) Je voudrais des fleurs.
6) Voulez-vous du café?
7) Voulez-vous une cigarette?
8) Voulez-vous de l'eau?
9) Voulez-vous du sucre?

3
1) Il ne faut pas changer de métier.
2) Vous n'auriez pas dû annoncer cette nouvelle.
3) Il ne faut pas fermer la porte.
4) Je n'aurais pas dû sortir hier soir.

4
1) Il faut du courage pour savoir la vérité.
2) Il faut de la patience pour savoir la vérité.
3) Il faut de la patience pour apprendre une langue étrangère.
4) Il faut du temps pour apprendre une langue étrangère.
5) Il faut du temps pour finir ce travail.

5
1) Il faut travailler beaucoup pour réussir à l'examen.
2) Il faut travailler beaucoup pour apprendre le français.
3) Il faut bien écouter le professeur pour apprendre le français.
4) Il faut bien écouter le professeur pour faire des progrès.

6
1) Il est trois heures.
2) Il est cinq heures et demie.
3) Il est neuf heures dix.
4) Il est midi.
5) Il est onze heures trois quarts.
6) Il est une heure dix-sept.

7
1) Il fait mauvais.
2) Il pleut.
3) Il fait chaud.
4) Il neige.

8
1) J'aimerais faire un tour du parc.
2) J'aimerais finir mon travail avant ce soir.
3) J'aimerais attendre son arrivée ici.
4) Vous auriez dû partir tout de suite.
5) Vous auriez dû garder votre droite.
6) Vous auriez dû rentrer chez vous.
7) Savez-vous parler français?
8) Savez-vous jouer du piano?
9) Savez-vous taper à la machine?

9
1) Il faut trois heures pour finir ce travail.
2) Il faut quatre millions de francs pour acheter cette maison.
3) Il faut vingt-cinq minutes pour taper cette lettre.

프랑스의 이민자 문제

프랑스가 이민 문제로 야단이다. 불법 이민자 수를 제로상태로 동결시키겠다는 이른바 드브레법이 문제의 초점이다. 내무장관 드브레의 이름을 딴 이 드브레법은 법이 통과 되는대로 외국인을 재워주는 프랑스인에게 자기 집에 외국인이 와 있다는 것을 신고토록하는 의무를 규정하고 있다. 드브레법의 이 조항이 지난날 동구 공산국가나 30년대 프랑스의 친나치 괴뢰 정부였던 비시 정부 때의 유태인 체류 신고의무와 무엇이 다르냐는 거센 항의에 부닥쳐 프랑스의 집권 여당은 의회 토의과정에서 신고의무를 프랑스인으로부터 외국인에게 지우는 식으로 법안을 일부 수정했으나 큰 틀에서는 마찬가지다.

프랑스 사회의 이같은 소용돌이는 의회에서 이 법안이 통과된다고 하더라도 가라앉을 것 같지 않다. 프랑스 지식인 사회 거의 전부와 카톨릭과 프로테스탄트, 동방 정교회의 지도자들이 이법의 시행에 대한 시민 불복종을 호소하면서 이 법이 프랑스 헌법에 위배된다며 헌법 소원을 준비중이다. 지금 프랑스 사회는 경제가 나빠지고 실업이 늘면서 외국 이민에 대한 감정이 좋지 않다.

프랑스국립과학원(CNRS)과 국립 인구문제 연구소(Ined) 국립 경제 통계 연구소(Insée)의 연구원들이 이민 문제에 따른 통계를 발표하고 있다. 지금 프랑스에서 살고 있는 외국인은 국적 취득의 여부를 떠나 모두 합쳐 프랑스 전체 인구의 7.4%에 해당하는 4백만명선이다.

이들 연구원들은 프랑스 전체 인구에서 차지하는 외국인 비율이 1932년 인구조사 때의 비율(7.1%)과 달라진 것이 없음을 지적하고 있다. 또 이민의 홍수가 계속되고 있는 것으로 국민이 알고 있으나 실제로는 92년의 11만명, 94년의 6만4천명, 95년의 5만명식으로 계속 줄고 있다. 외국 이민 노동자가 프랑스 노동자로부터 일자리를 뺏고 있다는 것도 근거가 희박한 것으로 지적되고 있다. 실제로 이민 노동자들은 프랑스인이 기피하는 3D업종에 종사하고 있다.

제 6 과

[요점정리]

1. **être** 동사
   je suis, tu es, il est, nous sommes, vous êtes, ils sont

2. Je suis Coréen.　　　　나는 한국인이다. (남자)
   Je suis étudiante.　　　나는 여학생이다.
   Je suis en France.　　　나는 프랑스에 있다.
   Je suis contente.　　　나는 (여자) 만족해 한다.

3. 정관사의 축약
   à + le = au (à l')　　　　de + le = du (de l')
   à + les = aux　　　　　　de + les = des
   그러나, à + la = à la (à l')　　de + la = de la (de l')

4. Est-il toujours au Canada?　그는 늘 캐나다에 있습니까?
   Non, il n'est plus au Candada.
   아니오, 그는 더 이상 캐나다에 있지 않습니다.

5. 의문형용사

남성단수 quel	여성단수 quelle
남성복수 quels	여성복수 quelles

   Quel est ce livre?　이 책은 무엇입니까?
   Quelles fleurs y a-t-il dans votre jardin?
   정원에는 어떤 꽃들이 있습니까?

연습문제

1. 다음 문장의 주어를 바꿔 써 보시오.

> Je suis étudiante. → Je ne suis pas professeur.
> 나는 학생이다. (여자)   나는 선생님이 아니다.

1) 나는 학생이다. (남자) 나는 선생님이 아니다.
   _____ (Je)

2) 당신은 학생이다. (남자) 당신은 선생님이 아니다.
   _____ (Vous)

3) 우리는 학생이다. (여자) 우리는 선생님이 아니다.
   _____ (Nous)

4) 그는 학생이다. 그는 선생님이 아니다.
   _____ (Il)

5) 그 여자들은 학생이다. 그 여자들은 선생님이 아니다.
   _____ (Elles)

2. 밑줄친 부분을 다시 써 보시오.

> Etes-vous Français?
> 당신은 프랑스인 입니까?

1) 당신은 영국인(여) 입니까?
   _____ (Anglaise)

2) 당신은 중국인(여) 입니까?
   _____ (Chinoise)

3) 당신은 일본인(남) 입니까?
   _____ (Japonais)

4) 당신은 스페인사람(여) 입니까?
   _____ (Espagnole)

5) 당신은 프랑스인(남) 입니까?
   _____ (Français)

6) 당신은 러시아인(여) 입니까?
   _____ (Russe)

7) 당신은 캐나다인(여) 입니까?
   _____ (Canadienne)

3. 다음을 부정문으로 만들어 보시오.

> **보기**
>
> Je suis content. → Je ne suis pas content.
> 나는 만족해 한다.   나는 만족해 하지 않는다.

1) Elle est fatiguée. 그녀는 지쳤다.
   → _____

2) Nous sommes Coréennes. 우리는 한국인(여)이다.
   → _____

3) Vous êtes médecin. 당신은 의사이다.
   → _____

4) Ils sont occupés. 그들은 바쁘다.
   → _____

4. 밑줄친 부분을 다시 써 보시오.

> **보기** Nous sommes <u>en France</u> depuis <u>deux ans</u>.
> 우리는 2년째 프랑스에 있다.

1) 우리는 일본에 2년째 있다.
   _____ (au Japon)

2) 우리는 작년부터 일본에 있다.
   _____ (depuis l'année dernière)

3) 우리는 작년부터 빠리에 있다.
   _____ (à Paris)

4) 우리는 25년째 빠리에 있다.
   _____ (depuis vingt-cinq ans)

5) 우리는 25년째 미국에 있다.
   _____ (aux Etats-Unis)

6) 우리는 지난 주부터 미국에 있다.
   _____ (depuis la semaine dernière)

5. 다음 대답을 만들어 보시오.

 Où est-elle? (집에) → Elle est à la maison.
그녀는 어디에 있습니까? 그녀는 집에 있습니다.

1) 그녀는 미국에 있다.
　　_____ (aux Etats-Unis)

2) 그녀는 호텔에 있다.
　　_____ (à l'hôtel)

3) 그녀는 역에 있다.
　　_____ (à la gare)

4) 그녀는 사무실에 있다.
　　_____ (au bureau)

5) 그녀는 학교에 있다.
　　_____ (à l'école)

6. 밑줄친 부분을 다시 써 보시오.

 Paris est la capitale de la France.
빠리는 프랑스의 수도이다.

1) 서울은 한국의 수도이다.
　　_____ (Séoul, la Corée)

2) 런던은 영국의 수도이다.
　　_____ (Londres, l'Angleterre)

3) 워싱턴은 미국의 수도이다.
　　_____ (Washington, les Etats-Unis)

4) 브뤼셀은 벨기에의 수도이다.
　　_____ (Bruxelles, la Belgique)

7. 다음 질문에 답해 보시오.

> **보기**
>
> Est-il toujours au Canada? (Non)
> 그는 늘 캐나다에 있나요?
> → Non, il n'est plus au Canada.
> 　아니오, 그는 더 이상 캐나다에 있지 않습니다.

1) Est-elle toujours à la bibliothèque? (Non)
　그녀는 늘 도서관에 있나요?
　→ _____

2) Est-il toujours aux Etats-Unis? (Oui)
　그는 늘 미국에 있나요?
　→ _____

3) M. Sartre est-il toujours à Tokyo? (Non)
　사르트르는 늘 도쿄에 있나요?
　→ _____

4) Etes-vous toujours à la campagne? (Oui)
　당신들은 늘 시골에 있나요?
　→ _____

8. 보기와 같이 의문문을 만들어 보시오.

Vous êtes musicien. → Etes-vous musicien?
당신은 음악가입니다.   음악가이십니까?

1) Votre nièce est dactylo. → _____
   당신 조카는 타이피스트입니다.

2) Vous êtes M. Legrand. → _____
   당신은 르그랑씨입니다.

3) Elle n'est pas Allemande. → _____
   그녀는 독일사람이 아닙니다.

4) Jean est de Marseille. → _____
   쟝은 마르세이유 출신입니다.

9. 다음과 같이 대답해 보시오.

Où est votre maison? (역에서 가까운 곳에)
당신의 집은 어디입니까?
→ Elle est près de la gare.
   집은 역 가까이에 있다.

1) 집은 학교 가까이에 있다.
   _____ (près de l'école)

2) 집은 역에서 먼 곳에 있다.
   _____ (loin de la gare)

3) 집은 레스토랑의 왼쪽에 있다.
　　_____ (à gauche du restaurant)

4) 집은 국도 가까이에 있다.
　　_____ (au bord de la route nationale)

10. 질문을 만들어 보시오.

> **보기**
> Il y a un livre. → Quel est ce livre?
> 책이 있습니다.　　이 책은 무슨 책입니까?

1) Il y a une fleur.　　→ _____
　꽃이 있습니다.

2) Il y a des animaux.　→ _____
　동물들이 있습니다.

3) Il y a un arbre.　　→ _____
　나무가 있습니다.

4) Il y a des statues.　→ _____
　동상들이 있습니다.

11. 보기와 같이 의문문을 만들어 보시오.

> **보기**
> Il y a des fleurs dans mon jardin.
> 나의 정원에 꽃들이 있습니다.
> → Quelles fleurs y a-t-il dans votre jardin?
> 　당신 정원에는 어떤 꽃들이 있습니까?

1) Il y a des revues sur la table.
   탁자에는 잡지들이 있다.
   → _____

2) J'ai un journal dans mon sac.
   내 가방에는 신문이 있다.
   → _____

3) Il a des tableaux dans sa chambre.
   그는 자기 방에 그림들을 갖고 있다.
   → _____

4) Il y a des fruits dans le panier.
   광주리 안에 꽃들이 있다.
   → _____

12. 다음 질문에 답해 보시오.

1) En quel mois sommes-nous? (5월)
   지금은 몇월입니까?
   _____

2) Quel âge avez-vous? (18세)
   당신은 몇살입니까?
   _____

3) De quelle nationalité êtes-vous? (프랑스인, 여)
   당신의 국적은 무엇입니까?
   _____

4) De quelle couleur est votre manteau? (베이지색)
   당신 외투의 색깔은 무엇입니까?
   _____

해답

1
1) Je suis étudiant. Je ne suis pas professeur.
2) Vous êtes étudiant. Vous n'êtes pas professeur.
3) Nous sommes étudiantes. Nous ne sommes pas professeurs.
4) Il est étudiant. Il n'est pas professeur.
5) Elles sont étudiantes. Elle ne sont pas professeurs.

2
1) Etes-vous Anglaise?   2) Etes-vous Chinoise?
3) Etes-vous Japonais?   4) Etes-vous Espagnole?
5) Etes-vous Français?   6) Etes-vous Russe?
7) Etes-vous Canadienne?

3
1) Elle n'est pas fatiguée.
2) Nous ne sommes pas Coréennes.
3) Vous n'êtes pas médecin.
4) Ils ne sont pas occupés.

4
1) Nous sommes au Japon depuis deux ans.
2) Nous sommes au Japon depuis l'année dernière.
3) Nous sommes à Paris depuis l'année dernière.
4) Nous sommes à Paris depuis vingt-cinq ans.
5) Nous sommes aux Etats-Unis depuis vingt-cinq ans.
6) Nous sommes aux Etats-Unis depuis la semaine dernière.

5
1) Elle est aux Etats-Unis.   2) Elle est à l'hôtel.
3) Elle est à la gare.   4) Elle est au bureau.
5) Elle est à l'école.

6
1) Séoul est la capitale de la Corée.
2) Londres est la capitale de l'Angleterre.
3) Washington est la capitale des Etats-Unis.
4) Bruxelles est la capitale de la Belgique.

7
1) Non, elle n'est plus à la bibliothèque.
2) Oui, il est toujours aux Etats-Unis.
3) Non, il n'est plus à Tokyo.
4) Oui, nous sommes toujours à la campagne.

8
1) Votre nièce est-elle dactylo?
2) Etes-vous M. Legrand?
3) N'est-elle pas Allemande?
4) Jean est-il de Marseille?

9
1) Elle est près de l'école.
2) Elle est loin de la gare.
3) Elle est à gauche du restaurant.
4) Elle est au bord de la route nationale.

10
1) Quelle est cette fleur?   2) Quels sont ces animaux?
3) Quel est cet arbre?   4) Quelles sont ces statues?

11
1) Quelles revues y a-t-il sur la table?
2) Quel journal y a-t-il dans mon sac?
3) Quels tableaux y a-t-il dans sa chambre?
4) Quels fruits y a-t-il dans le panier?

12
1) Nous sommes au mois de mai.
2) J'ai dix-huit ans.
3) Je suis Française.
4) Il est beige.

올림피아 극장

「샹송의 사원」으로 불리던 빠리 올림피아 극장이 97년 4월 14일 휴관 특별공연을 끝으로 문을 닫았다.

브뤼엘, 수숑, 카브렐, 카스, 드보, 뒤테이, 누가로…. 이날 밤 당대 스타들이 올림피아 무대를 채우면서 당분간 문을 닫는 아쉬움을 달랬다. 고별공연은 민방공중파 TF1, 유선방송RTL이 생중계 했다.

프랑스 국민들은 이 공연을 보면서 6개월 뒤 11월 14일 재개관을 기대했다. 팬들에게는 에디트 피아프, 이브 몽탕, 자크 브렐 등 프랑스 대중음악의 전설적 영웅들이 호흡했던 샹송의 메카가 아주 없어지지 않아도 되는구나 하고 안도했다.

급속히 쇠락의 길을 타고있는 샹송의 운명은 이미 빠리에 있는 알함브라, 에투알 등 다른 극장들의 막을 내리게 했다. 올림피아극장 건물의 소유주인 소시에테 제네랄 은행이 92년 증개축계획을 발표했을 때 사람들은 올림피아도 없어지겠거니 여겼다.

그러나 은행측은 극장 경영진과 연예계 원로들 뜻을 존중하고 팬들의 기대를 저버리지 않기로 했다. 더욱 현대식으로 탈바꿈한 무대를 꾸민다는 계획이다. 옛 무대보다 6m아래에 생기는 신설 무대는 벽은 검은색, 좌석은 붉은색으로 2천개가 마련된다. 전문 음향학자가 공사중 내내 건설감독과 함께 일한다. 완벽한 음향효과는 올림피아 극장의 또 다른 명성이고, 그 명성이 손상돼서는 안되기 때문이다.

빠리 한복판 카푸친대로 28번지에 자리잡은 올림피아극장은 1893년 설립됐다. 1백년을 지나는 동안 이 극장 무대에는 전설적인 샹송 스타들이 둥지를 틀고, 비상의 날개를 폈다.

파트리시아 여사는 『이번 개축이 미래를 향해 우리를 던진다는 의미』라며 『이제 올림피아는 2000년에 대비한다』고 말했다.

제 7 과

[요점정리]

동사의 활용

1. 1군 동사 **-er** :

   - **danser** 춤추다

je danse	nous dansons	[ɔ̃]
tu danses	vous dansez	[e]
il danse	ils dansent	[–]

   명령형: Danse, Dansons, Dansez

   - **aimer** 사랑하다

j'aime	nous aimons	[ɔ̃]
tu aimes	vous aimez	[e]
il aime	ils aiment	[–]

   명령형: Aime, Aimons, Aimez

2. 2군 동사: 발음은 [–],[sɔ̃],[se],[s]

   - **finir** 끝나다, 끝내다

     je finis　　　　tu finis　　　　il finit [–]
     nous finissons [sɔ̃]　vous finissez [se]　ils finissent [–]

3. 3군 동사: **-re, -ir, -oir**

- **répondre** 대답하다
je réponds	nous répondons [dɔ̃]
tu réponds	vous répondez [de]
il répond [–]	ils répondent [d]

- **partir** 떠나다
je pars	nous partons [tɔ̃]
tu pars	vous partez [te]
il part [–]	ils partent [t]

- **venir** 오다
je viens	nous venons [vnɔ̃]
tu viens	vous venez [vne]
il vient [–]	ils viennent [vjɛn]

4. **que** 무엇을

Que cherchez-vous? 무엇을 찾으십니까?

연습문제

1. 명령형을 써 보시오.

danser → Dansez! Dansons! Danse!
(춤추다) (춤추시오) (춤추자) (춤추어라)

1) chanter une chanson → _____
   노래를 부르다

2) marcher vite   → _____
   빨리 걷다

3) finir ce travail   → _____
   이 일을 끝내다

4) partir tout de suite → _____
   즉시 떠나다

5) prendre le déjeuner   → _____
   식사를 하다

2. 보기의 문장을 다시 써 보시오.

J'arrive au château.
나는 성에 도착한다.

1) Il _____
2) Ils _____
3) Nous _____
4) Vous _____
5) Elle _____

보기 Je réussis à l'examen.
나는 시험에 성공한다.

1) Il _____
2) Ils _____
3) Nous _____
4) Vous _____
5) Elle _____

보기 Je dors mal ces jours-ci.
나는 요즈음 잠을 잘 못잔다.

1) Il _____
2) Ils _____
3) Nous _____
4) Vous _____
5) Elle _____

보기 J'écris une lettre à Marie.
나는 마리에게 편지를 쓴다.

1) Il _____

2) Ils _____
3) Nous _____
4) Vous _____
5) Elle _____

3. 질문에 답해 보시오.

> **보기**
>
> Vous cherchez votre sœur? (Oui)
> 당신의 누이를 찾고 계시나요?
> → Oui, je cherche ma sœur.
> 네, 내 누이를 찾고 있습니다.

1) Vous comprenez le français? (Oui)
   프랑스어를 이해하십니까?
   → _____

2) Vous aimez le thé? (Non)
   차를 좋아하십니까?
   → _____

3) Vous revenez de Paris? (Oui)
   빠리에서 돌아오십니까?
   → _____

4) Vous voyez la tour Eiffel? (Oui)
   에펠탑을 보십니까?
   → _____

4. 부정문으로 만들어 보시오.

 Je danse bien. → Je ne danse pas bien.
나는 춤을 잘 춘다. 나는 춤을 잘 추지 못한다.

1) Nous connaissons cet homme. → _____
   우리는 이 사람을 알고 있다.

2) Je bois beaucoup de lait.   → _____
   나는 많은 양의 우유를 마신다.

3) Il entre dans ce restaurant. → _____
   그는 이 식당에 들어간다.

4) Ils viennent chez moi.   → _____
   그들은 나의 집에 온다.

5) Vous croyez en Dieu.   → _____
   당신을 신을 믿고 있다.

5. 의문문으로 만들어 보시오.

 Vous parlez français. → Parlez-vous français?
당신은 프랑스어를 말합니다. 프랑스어를 하십니까?

1) Vous aimez le théâtre.   → _____
   당신은 연극을 좋아합니다.

2) Il n'écrit pas souvent.   → _____
   그는 자주 편지를 쓰지 않는다.

3) Pierre et Marie paraissent fatigués.
   뻬에르와 마리는 피곤해 보인다.
   → _____

4) Ils deviennent malades.   → _____
   그들은 아프게 된다.

5) Il aime Marie.   → _____
   그는 마리를 사랑한다.

6. 다음 질문에 답해보시오.

   > **보기**
   >
   > M. et Mme Vincent reviennent-ils bientôt? (Oui)
   > 뱅쌍씨 부부는 곧 돌아오나요?
   > → Oui, ils reviennent bientôt.
   >   네, 그들은 곧 돌아옵니다.

   1) Mettez-vous le livre sur la table? (Oui)
      책을 탁자 위에 놓습니까?
      → _____

   2) Trouvez-vous le français facile? (Non)
      프랑스어가 쉽다고 생각하십니까?
      → _____

   3) Souffre-t-il beaucoup de la chaleur d'été? (Oui)
      그는 여름 더위로 많이 고생합니까?
      → _____

   4) Obéissez-vous à vos parents? (Oui)

당신은 부모님 말씀을 잘 듣습니까?
→ _____

7. 보기와 같이 다시 써 보시오.

> **보기**
> Je cherche <u>mon livre</u>. → Que cherchez-vous?
> 나는 내 책을 찾고 있다.   무엇을 찾고 있나요?

1) Je prends <u>un livre</u>. → _____
   나는 책 한 권을 집어든다.

2) Pierre voit <u>le Château de Versailles</u>.
   삐에르는 베르사이유성을 본다.
   → _____

3) J'entends <u>le bruit</u>. → _____
   나는 소음을 듣는다.

4) Je bois <u>de la bière</u>. → _____
   나는 맥주를 마신다.

5) Georges donne <u>des fleurs</u> à Marie.
   조르쥬는 마리에게 꽃들을 준다.
   → _____

8. 다음과 같이 의문문을 만들어 보시오.

> **보기**
> J'aime cette statue. → Quelle statue aimez-vous?
> 나는 이 동상을 좋아한다.   어떤 동상을 좋아하십니까?

1) Je choisis cet hôtel. → _____
   나는 이 호텔을 선택한다.

2) J'écoute ce disque. → _____
   나는 이 음반을 듣는다.

3) Il habite cette rue. → _____
   그는 이 길에 산다.

4) Je lis ce journal. → _____
   나는 이 신문을 읽는다.

9. 다음 질문에 답해보시오.

> **보기**
> A quelle heure sortez-vous de chez vous? (8시)
> 몇 시에 댁에서 나오십니까?
> → Je sors de chez moi à 8 heures.
>   8시에 집을 나섭니다.

1) A quelle heure part cet avion? (자정에)
   이 비행기는 몇시에 출발합니까?
   → _____

2) A quelle heure prenez-vous votre petit déjeuner? (7시30분에)
   몇 시에 아침식사를 하십니까?
   → _____

3) A quelle heure commence votre classe? (9시에)
   수업은 몇시에 시작됩니까?
   → _____

4) A quelle heure finit votre classe? (2시25분에)
   수업은 몇시에 끝납니까?
   → _____

10. 밑줄친 부분의 내용을 바꾸어 보시오.

| Je travaille toute la journée.
| 나는 온종일 일한다.

1) 그들은 온종일 일한다.
   _____ (Ils)

2) 그들은 온종일 잠을 잔다.
   _____ (dormir)

3) 당신은 온종일 잠을 잔다.
   _____ (Vous)

4) 당신은 온종일 책을 읽는다.
   _____ (lire)

해답

1

1) Chantez une chanson! Chantons une chanson! Chante une chanson!
2) Marchez vite! Marchons vite! Marche vite!
3) Finissez ce travail! Finissons ce travail! Finis ce travail!
4) Partez tout de suite! Partons tout de suite! Pars tout de suite!
5) Prenez le déjeuner! Prenons le déjeuner! Prends le déjeuner!

2

1) Il arrive au château.   2) Ils arrivent au château.
3) Nous arrivons au château.   4) Vous arrivez au château.
5) Elle arrive au château.

1) Il réussit à l'examen.
2) Ils réussissent à l'examen.
3) Nous réussissons à l'examen.
4) Vous réussissez à l'examen.
5) Elle réussit à l'examen.

1) Il dort mal ces jours-ci.
2) Ils dorment mal ces jours-ci.
3) Nous dormons mal ces jours-ci.
4) Vous dormez mal ces jours-ci.
5) Elle dort mal ces jours-ci.

1) Il écrit une lettre à Marie.
2) Ils écrivent une lettre à Marie.
3) Nous écrivons une lettre à Marie.
4) Vous écrivez une lettre à Marie.
5) Elle écrit une lettre à Marie.

3

1) Oui, je comprends le français. 2) Non, je n'aime pas le thé.
3) Oui, je reviens de Paris.   4) Oui, je vois la tour Eiffel.

4
1) Nous ne connaissons pas cet homme.
2) Je ne bois pas beaucoup de lait.
3) Il n'entre pas dans ce restaurant.
4) Ils ne viennent pas chez moi.
5) Vous ne croyez pas en Dieu.

5
1) Aimez-vous le théâtre?
2) N'écrit-il pas souvent?
3) Pierre et Marie paraissent-ils fatigués?
4) Deviennent-ils malades?
5) Aime-t-il Marie?

6
1) Oui, je mets le livre sur la table.
2) Non, je ne trouve pas le français facile.
3) Oui, il souffre beaucoup de la chaleur d'été.
4) Oui, j'obéis à mes parents.

7
1) Que prenez-vous?   2) Que voit Pierre?
3) Qu'entendez-vous?   4) Que buvez-vous?
5) Que donne Georges à Marie?

8
1) Quel hôtel choisissez-vous? 2) Quel disque écoutez-vous?
3) Quelle rue habite-t-il?   4) Quel journal lisez-vous?

9
1) Il part à minuit.
2) Je prends mon petit déjeuner à sept heures et demie.
3) Elle commence à neuf heures.
4) Elle finit à deux heures vingt-cinq.

10
1) Ils travaillent toute la journée.
2) Ils dorment toute la journée.
3) Vous dormez toute la journée.
4) Vous lisez toute la journée.

CHANSON

Il est trop tard
(너무 늦었어요)

노래: 죠르쥬 무스타키

Pendant que je dormais	잠자고 있는 사이,
Pendant que je rêvais	혹은 꿈꾸고 있는 동안에도
Les aiguilles ont tourné	시간은 흘러갔죠
Il est trop tard	너무 늦었어요
Mon enfance est si loin	어린시절은 이미 지나갔고
Il est déjà demain	벌써 내일이 오는군요
Passe passe le temps	시간은 자꾸 흐르고
Il n'y en a plus pour très longtemps	이제 얼마남지 않았어요
Pendant que je t'aimais	당신을 사랑하고
Pandant que je t'avais	함께 있었음에도
L'amour s'en est allé	사랑은 가버렸죠
Il est trop tard	너무 늦었어요
Tu étais si jolie	당신은 매우 아름다왔고
Je suis seul dans mon lit	난 홀로 있어요
Passe passe le temps	시간은 흘러가고
Il n'y en a plus pour très longtemps	얼마남지 않았어요
Pendant que je chantais	내 소중한 자유를
Ma chère liberté	노래하는 동안에도
D'autres l'ont enchaînée	타인들은 그것을 막았지요
Il est trop tard	너무 늦었어요
Certains se sont battus	어떤 이들은 서로 다투었지만
Moi, je n'ai jamais su	난 전혀 알지 못했어요
Passe passe le temps	시간은 흘러가고
Il n'y en a plus pour très longtemps	이제 얼마남지 않았어요

제 8 과

[요점정리]

1. 형용사와 부사의 비교급

    1) 우등비교: ~보다 더~하다 plus ~ que
       Marie est plus intelligente que Paul.
       마리는 뽈보다 더 똑똑하다.
       Marie parle plus vite que Paul.
       마리는 뽈보다 말을 빨리 한다.

    2) 열등비교: ~보다 덜~하다 moins ~ que
       Paul est moins intelligent que Marie.
       뽈은 마리보다 덜 똑똑하다.
       Paul parle moins vite que Marie.
       뽈은 마리보다 덜 빠르게 말한다.

    3) 동등비교: ~만큼 ~하다 aussi ~ que
       Marie est aussi intelligente que Paul.
       마리는 뽈만큼 똑똑하다.
       Marie parle aussi vite que Paul.
       마리는 뽈만큼 빨리 말한다.

2. 최상급

    1) le (la, les) plus ~ de: ~중에서 가장 ~하다

Paul est le plus intelligent de sa classe.
뽈은 자기 학급에서 제일 똑똑하다.
Paul parle le plus vite.
뽈은 가장 빨리 말한다.

2) le (la, les) moins ~ de: ~중에서 가장 덜 ~하다
Marie est la moins grande de sa classe.
마리는 자기 학급에서 제일 작다.
Marie parle le moins vite.
마리는 가장 느리게 말한다.

3. Il est difficile de répondre à cette question.
 이 질문에 대답하기는 어렵다.

4. Il vaut mieux manger au restaurant.
 식당에서 먹는 것이 더 낫다.

5. 서수형용사: 기수 + **ième**
 trois → troisième   3번째의
 그러나,
 premier, première   첫번째의

연습문제

1. 보기와 같이 비교급을 만들어 보시오.

    Marie est intelligente. Mais Paul est plus intelligent.
   마리는 똑똑하다. 그러나 뽈은 더 똑똑하다.
   → Paul est plus intelligent que Marie.
   뽈은 마리보다 더 똑똑하다.

   1) Ce garçon est petit. Mais son frère est plus petit.
      이 소년은 작다. 그러나 그의 동생은 더 작다.
      → _____

   2) Louise est curieuse. Mais ses amies sont plus curieuses.
      루이즈는 호기심이 많다. 그러나 그의 여자 친구들은 더 호기심이 많다.
      → _____

   3) La terre est grande. Mais le soleil est plus grand.
      지구는 크다. 그러나 태양은 더 크다.
      → _____

   4) Cet hôtel est bon. Mais l'hôtel Hilton est meilleur.
      이 호텔은 좋다. 그러나 힐튼호텔은 더 좋다.
      → _____

2. 동등비교의 문장을 만들어 보시오.

> Hélène et Jeanne sont sympathiques.
> 엘렌과 쟌느는 사람이 좋다.
> → Hélène est aussi sympathique que Jeanne.
>   엘렌은 쟌느만큼 사람이 좋다.

1) Pierre est Hélène sont riches.
   뻬에르와 엘렌은 부유하다.
   → _____

2) La voiture française et la voiture américaine sont bonnes.
   프랑스차와 미국차는 좋다.
   → _____

3) Il fait chaud en juillet et en août.
   7월과 8월은 덥다.
   → _____

3. 보기와 같이 다시 써 보시오.

> J'aime bien mon père et ma mère.
> 나는 아버지와 어머니를 좋아한다.
> → J'aime mon père aussi bien que ma mère.
>   나는 어머니만큼 아버지를 좋아한다.

1) Mon frère et moi, nous travaillons bien.
   나의 형과 나는 일을 잘한다.

→ _____

2) Pierre et Marie comprennent bien le français.
   삐에르와 마리는 프랑스어를 잘 이해한다.
   → _____

3) Pierre et Marie vont souvent au cinéma.
   삐에르와 마리는 영화관에 자주간다.
   → _____

4. 보기와 같이 다시 써 보시오.

> **보기**
>
> Paris est une belle ville. (세계에서)
> 빠리는 아름다운 도시이다.
> → Paris est une des plus belles villes du monde.
>   빠리는 세계에서 가장 아름다운 도시중 하나이다.

1) Le lion est un animal fort.
   사자는 힘센동물이다.
   → _____

2) Marie est une bonne étudiante. (자기 학급에서)
   마리는 훌륭한 학생이다
   → _____

3) L'or est un métal précieux.
   금은 보석이다.
   → _____

4) La gare du Nord est une grande gare. (빠리에서)

북역(北驛)은 큰 역이다.

→ _____

5) M.Vincent est un professeur sévère. (내가 다니는 대학에서)
뱅쌍씨는 엄격한 교수다.

→ _____

5. 최상급의 문장을 만들어 보시오.

> **보기**
>
> André sort de la maison très tôt. (식구들 중에서)
> 앙드레는 일찍 집을 나선다.
>
> → C'est André qui sort de la maison le plus tôt de sa famille.
> 자기 가족중에서 가장 먼저 집을 나서는 사람은 앙드레이다.

1) Henri lit très vite. (가족중에서)
앙리는 빨리 읽는다.

→ _____

2) Marie parle très bien le français. (자기 학급에서)
마리는 프랑스어를 잘한다.

→ _____

3) Jean travaille beaucoup. (자기 학급에서)
쟝은 공부를 많이 한다.

→ _____

4) Paul gagne peu. (자기 가족중에서)
뽈은 돈을 조금 번다.

→ _____

6. 보기와 같이 다시 써 보시오.

 Marie est plus petite que Louise.
마리는 루이즈보다 작다.

→ Louise est moins petite que Marle.
   루이즈는 마리보다 크다.

→ Louise n'est pas aussi petite que Marie.
   루이즈는 마리만큼 작지 않다.

1) Mon père est plus âgé que ma mère.
   나의 아버지는 어머니보다 더 나이드셨다.

   → _____
   → _____

2) Le diamant est plus dur que le verre.
   다이아몬드는 유리보다 단단하다.

   → _____
   → _____

3) L'éléphant est plus gros que le tigre.
   코끼리는 호랑이보다 크다.

   → _____
   → _____

4) Vos cheveux sont plus longs que mes cheveux.
   당신의 머리는 내 머리보다 길다.

   → _____
   → _____

7. 보기와 같이 다시 써 보시오.

> Paul marche plus vite que vous.
> 뽈은 당신보다 빨리 걷는다.
> → Vous marchez moins vite que Paul.
>   당신은 뽈보다 덜 빨리 걷는다.
> → Vous ne marchez pas aussi vite que Paul.
>   당신은 뽈만큼 빨리 걷지 못한다.

1) Vous allez au concert plus souvent que moi.
   당신은 나보다 자주 콘서트에 간다.

   → _____
   → _____

2) Elle danse mieux que son mari.
   그녀는 자기 남편보다 춤을 잘 춘다.

   → _____
   → _____

3) Cette robe coûte plus cher que ce chapeau.
   이 원피스는 모자보다 더 비싸다.

   → _____
   → _____

4) M. Vincent parle plus lentement que sa femme.
   뱅쌍씨는 자기 아내보다 천천히 말한다.

   → _____
   → _____

8. 밑줄친 부분의 내용을 바꿔 보시오.

Il est <u>difficile</u> de répondre à cette question.
이 질문에 대답하기는 어렵다.

1) 이 질문에 대답하기는 불가능하다.
   _____ (impossible)

2) 이 질문에 대답하는 것이 필요하다.
   _____ (nécessaire)

3) 이 질문에 대답하는 것은 쉽다.
   _____ (facile)

4) 이 질문에 대답하는 것은 가능하다.
   _____ (possible)

9. 밑줄친 부분을 바꿔 보시오.

Il est difficile de <u>répondre à cette question</u>.
이 질문에 대답하는 것은 어렵다.

1) 그의 실수를 용서하는 것은 어렵다.
   _____ (pardonner sa faute)

2) 프랑스어를 배우기는 어렵다.
   _____ (apprendre le français)

3) 시험에 성공하기는 어렵다.
   _____ (réussir à l'examen)

4) 운전하기는 어렵다.
   _____ (conduire)

10. 보기와 같이 다시 써 보시오.

> **보 기**
>
> Il vaut mieux manger au restaurant.
> 식당에서 먹는 것이 더 낫다.
>
> → Il vaut mieux ne pas manger au restaurant.
>   식당에서 먹지 않는 것이 더 낫다.

1) Il vaut mieux rester à la maison.
   집에 있는 것이 더 낫다.
   → _____

2) Il vaut mieux changer de train à la gare de l'Est.
   동역(東驛)에서 갈아타는 것이 낫다.
   → _____

3) Il vaut mieux quitter la France.
   프랑스를 떠나는 것이 낫다.
   → _____

11. 밑줄친 부분의 내용을 바꿔 보시오.

> **보 기**
>
> <u>Juin</u> est le <u>sixième</u> mois de l'année.
> 6월은 1년중 여섯 번째 달이다.

1) 3월은 세 번째 달이다.
   _____ (mars)

2) 1월은 첫 번째 달이다.
   _____ (janvier)

3) 5월은 다섯 번째 달이다.
   _____ (mai)

4) 8월은 여덟 번째 달이다.
   _____ (août)

5) 10월은 열번째 달이다.
   _____ (octobre)

6) 11월은 열한번째 달이다.
   _____ (novembre)

7) 4월은 네 번째 달이다.
   _____ (avril)

해답

1
1) Son frère est plus petit que ce garçon.
2) Ses amies sont plus curieuses que Louise.
3) Le soleil est plus grand que la terre.
4) L'hôtel Hilton est meilleur que cet hôtel.

2
1) Pierre est aussi riche qu'Hélène.
2) La voiture française est aussi bonne que la voiture américaine.
3) Il fait aussi chaud en juillet qu'en août.

3
1) Mon frère travaille aussi bien que moi.
2) Pierre comprend le français aussi bien que Marie.
3) Pierre va au cinéma aussi souvent que Marie.

4
1) Le lion est un des animaux les plus forts.
2) Marie est une des meilleures étudiantes de sa classe.
3) L'or est un des métaux les plus précieux.
4) La gare du Nord est une des plus grandes gares de Paris.
5) M. Vincent est un des professeurs les plus sévères de notre université.

5
1) C'est Henri qui lit le plus vite de sa famille.
2) C'est Marie qui parle le mieux le français de sa classe.
3) C'est Jean qui travaille le plus de sa classe.
4) C'est Paul qui gagne le moins de sa famille.

6
1) Ma mère est moins âgée que mon père.
   Ma mère n'est pas aussi âgée que mon père.
2) Le verre est moins dur que le diamant.
   Le verre n'est pas aussi dur que le diamant.
3) Le tigre est moins gros que l'éléphant.
   Le tigre n'est pas aussi gros que l'éléphant.

4) Mes cheveux sont moins longs que vos cheveux.
Mes cheveux ne sont pas aussi longs que vos cheveux.

7

1) Je vais au concert moins souvent que vous.
Je ne vais pas au concert aussi souvent que vous.
2) Son mari danse moins bien qu'elle.
Son mari ne danse pas aussi bien qu'elle.
3) Ce chapeau coûte moins cher que cette robe.
Ce chapeau ne coûte pas aussi cher que cette robe.
4) Sa femme parle moins lentement que M. Vincent.
Sa femme ne parle pas aussi lentement que M. Vincent.

8

1) Il est impossible de répondre à cette question.
2) Il est nécessaire de répondre à cette question.
3) Il est facile de répondre à cette question.
4) Il est possible de répondre à cette question.

9

1) Il est difficile de pardonner sa faute.
2) Il est difficile d'apprendre le français.
3) Il est difficile de réussir à l'examen.
4) Il est difficile de conduire.

10

1) Il vaut mieux ne pas rester à la maison.
2) Il vaut mieux ne pas changer de train à la gare de l'Est.
3) Il vaut mieux ne pas quitter la France.

11

1) Mars est le troisième mois de l'année.
2) Janvier est le premier mois de l'année.
3) Mai est le cinquième mois de l'année.
4) Août est le huitième mois de l'année.
5) Octobre est le dixième mois de l'année.
6) Novembre est le onzième mois de l'année.
7) Avril est le quatrième mois de l'année.

샹바뉴 (Champagne)

빠리에서 기차로 1시간 거리인 에페르네는 프랑스에서 가장 오래된 수도원이 있을 만큼 유서깊은 샴페인 거래 중심지다. 샴페인을 발명한 동 피에르 페리뇽은 에페르네 대수도원 술창고 담당수사였다. 지금도 이곳 모에샹동 샴페인회사 뜰에 그의 기념상이 있다.

에페르네에서 북쪽으로 조금만 올라가면 샹파뉴에서 가장 큰 도시 랭스가 있다. 일요일 아침, 랭스역앞 광장 벼룩시장에서는 샴페인의 본고장답게 희귀한 샴페인 병마개와 라벨 등을 많이 볼 수 있다.

프랑스에서도 가장 고급 포도주로 꼽히는 샴페인은 오르되브르(hors d'œvre: 식사 첫 입맛 돋구기 음식)에서 마지막 순서인 디저트까지 어떠한 요리에도 잘 어울린다.

보글보글 가벼운 거품이 올라오는 발포성 와인, 샴페인을 처음 만든 이는 에페르네의 베네딕트회 수사였던 동 삐에르 페리뇽(Dom Pirre Perignon). 1668년 대수도원 술창고 담당으로 임명된 그는 평균 기온 9~11도의 백아질 석굴에 저장하던 백포도주로 가볍게 거품이 나는 와인을 만들어냈다. 콜크 마개와 철사로 병마개를 하는 것도 그의 고안이다.

샴페인을 만드는 포도 품종은 피노 느와르와 샤르도네, 피노 무늬엘 3가지. 특별히 잘 된 해를 제외하고는 생산 연도를 쓰지 않으며, 샤토 이름 대신 블렌딩한 회사 이름을 기준으로 고르게 된다. 샹파뉴에서 생산된 것만 「샴페인」이라고 부른다. 우리나라에서는 샴페인을 열 때 요란스럽게 펑펑 터뜨리면서 거품이 넘치게 난리를 치지만 원래는 소리나지 않게 조용히 마개를 따는 것이 품위 있는 예법이다.

제 9 과

[요점정리]

1. **aller** + 동사원형

   1) 근접미래: Je vais partir pour la France.
      나는 곧 프랑스에 가겠다.

   2) ~하러 가다: Nous allons voir notre professeur.
      우리는 선생님을 만나러 간다.

2. **venir de** + 동사원형 : 근접미래
   Nous venons de téléphoner à Georges.
   우리는 방금 죠르쥬에게 전화했다.

   cf. venir + 동사원형 : ~하러 오다.
   Je viens voir votre mère.
   나는 당신 어머니를 만나러 왔다.

3. **pouvoir** 동사: ~할 수 있다.
   | je peux | tu peux | il peut |
   | nous pouvons | vous pouvez | ils peuvent |

4. **vouloir** 동사: ~를 원하다.
   | je veux | tu veux | il veut |
   | nous voulons | vous voulez | ils veulent |

5. **devoir** 동사: ~해야 한다

je dois	tu dois	il doit
nous devons	vous devez	ils doivent

6. **pouvoir, vouloir, devoir** + 동사원형

Je peux aller chercher son frère.
나는 그의 형을 찾으러 갈 수 있다.
Je veux apprendre le français.
나는 프랑스어 배우기를 원한다.
Il doit travailler beaucoup.
그는 열심히 일해야 한다.

7. **dire:** 말하다

je dis	tu dis	il dit
nous disons	vous dites	ils disent

8. **faire:** 하다

je fais	tu fais	il fait
nous faisons	vous faites	ils font

1. 밑줄친 부분의 내용을 바꿔 보시오.

보기   Je vais <u>partir pour la France</u>.   나는 프랑스로 떠나겠다.

1) 나는 저녁식사를 준비하겠다.
   _____ (préparer le dîner)

2) 나는 내 만년필을 찾아보겠다.
   _____ (chercher mon stylo)

3) 나는 목욕을 하겠다.
   _____ (prendre un bain)

4) 나는 내 차를 수리하겠다.
   _____ (réparer mon auto)

5) 나는 어머니께 편지쓰겠다.
   _____ (écrire une lettre à ma mère)

2. 밑줄친 부분을 다시 써 보시오.

보기   Nous venons de <u>téléphoner à Georges</u>.
          우리는 방금 죠르쥬에게 전화했다.

1) 우리는 방금 좋은 영화를 보았다.
   _____ (voir un bon film)

2) 우리는 방금 친구들 집에서 저녁식사했다.
   _____ (dîner chez des amis)

3) 우리는 조금 전에 한국에 돌아왔다.
   _____ (rentrer en Corée)

4) 우리는 조금 전에 노래를 들었다.
   _____ (écouter une chanson)

5) 우리는 방금 흥미있는 소설을 읽었다.
   _____ (lire un roman intéressant)

3. 근접미래, 근접과거로 각각 써 보시오.

   보기

   Il chante une chanson. 그는 노래 부른다.
   → Il va chanter une chanson. 그는 곧 노래할 것이다.
   → Il vient de chanter une chanson.
      그는 방금 노래를 불렀다.

1) Nous récitons la leçon. 우리는 학과내용을 암송한다.
   → _____

2) L'avion arrive. 비행기가 도착한다.
   → _____

3) Je prends mon petit déjeuner. 나는 아침식사를 한다.
   → _____

4) Vous visitez la Notre-Dame.
   당신들은 노트르담 성당을 방문한다.

   → _____

5) Elle conduit son mari au bureau.
   그녀는 남편을 사무실에 데려다 준다.

   → _____

4. 다음 문장의 주어를 바꿔 보시오.

   보기
   > Je peux aller chercher son frère.
   > 나는 그의 형을 찾으러 갈 수 있다.

   1) Elle _____

   2) Elles _____

   3) Nous _____

   4) Vous _____

   5) Il _____

5. 밑줄친 부분을 바꿔 보시오.

   보기
   > Je veux <u>apprendre le français</u>.
   > 나는 프랑스어를 배우고 싶다.

   1) 나는 멋진 차를 사고 싶다.

      _____ (acheter une belle voiture)

2) 나는 커피를 원한다.
   _____ (du café)

3) 나는 세계일주를 하고 싶다.
   _____ (voyager à travers le monde)

4) 나는 조용히 있고 싶다.
   _____ (rester tranquille)

5) 나는 플랫폼에 내려가고 싶다.
   _____ (descendre sur le quai)

6. 다음 문장의 주어를 바꿔 보시오.

    | Il doit travailler beaucoup.   그는 열심히 일해야 한다.

   1) Nous _____
   2) Je _____
   3) Vous _____
   4) Elle _____
   5) Ils _____

7. 부정문으로 만들어 보시오.

    | Je veux travailler. → Je ne veux pas travailler.
   나는 일하기를 원한다.   나는 일하기를 원치 않는다.

1) Nous pouvons sortir ce soir.
   우리는 오늘 저녁 외출할 수 있다.
   → _____

2) J'aime faire du ski.   → _____
   나는 스키를 좋아한다.

3) Il sait danser.   → _____
   그는 춤출 줄 안다.

4) Vous devez faire une promenade.
   당신은 산책해야 한다.
   → _____

5) Elles veulent attendre leurs amies.
   그 여자들은 그들의 친구들을 기다리고 싶어한다.
   → _____

8. 주어를 바꿔 써 보시오.

> **보 기**   Vous faites bien votre travail.   당신은 일을 잘 합니다.

1) Je _____

2) Il _____

3) Nous _____

4) Ils _____

5) Elle _____

9. 의문문을 만들어 보시오.

>   Vous savez parler français.
> 당신은 프랑스어를 말할 줄 압니다.
> → Savez-vous parler français?
> 프랑스어를 말할 줄 아십니까?

1) Elle peut assister au cours de français.
   그녀는 프랑스어 강의에 참석할 수 있다.
   → _____

2) Mon père veut lire le journal d'aujourd'hui.
   나의 아버지는 오늘자 신문 읽기를 원한다.
   → _____

3) Vous voulez danser avec Louis.
   당신은 루이와 함께 춤추기를 원한다.
   → _____

4) Ils savent jouer au tennis.
   그들은 테니스를 할 줄 안다.
   → _____

10. 다음 질문에 답해 보시오.

> 보기 Voulez-vous aller au Canada? (Oui)
> 캐나다에 가기를 원합니까?
> → Oui, je veux aller au Canada.
> 네, 캐나다에 가기를 원합니다.

1) Pouvez-vous venir demain? (Non)
   내일 올 수 있습니까?
   → _____

2) Voulez-vous aller au Louvre? (Oui)
   루브르에 가기를 원합니까?
   → _____

3) Votre enfant sait-il compter? (Non)
   당신의 아이는 계산할 줄 압니까?
   → _____

4) Voulez-vous du café? (Oui)
   커피를 원합니까?
   → _____

5) Aimez-vous faire la cuisine? (Non)
   → _____
   요리하기를 좋아합니까?

11. 다음 문장의 주어를 바꿔 써 보시오.

> **보기** Je dis la vérité.   나는 진실을 말한다.

1) Nous _____
2) Il _____
3) Ils _____
4) Vous _____
5) Elle _____

12. 보기의 문장을 활용해 보시오.

Nous allons voir notre professeur.
우리는 선생님을 뵈러 간다.

1) 나의 형은 프랑스 영화를 보러 간다.
   → _____

2) 나는 당신 어머니를 만나러 간다.
   → _____

3) 그녀는 역으로 자기 아저씨를 찾으러 간다.
   → _____

Nous devons aller à la campagne.
우리는 시골에 가야 한다.

4) 그녀는 빠리에 와야 한다.
   → _____

5) 나는 내 누이의 집에 가야 한다.
   → _____

6) 그 여자들은 오늘 도착해야 한다.
   → _____

해 답

1
1) Je vais préparer le dîner.
2) Je vais chercher mon stylo.
3) Je vais prendre un bain.
4) Je vais réparer mon auto.
5) Je vais écrire une lettre à ma mère.

2
1) Nous venons de voir un bon film.
2) Nous venons de dîner chez des amis.
3) Nous venons de rentrer en Corée.
4) Nous venons d'écouter une chanson.
5) Nous venons de lire un roman intéressant.

3
1) Nous allons réciter la leçon.
   Nous venons de réciter la leçon.
2) L'avion va arriver.
   L'avion vient d'arriver.
3) Je vais prendre mon petit déjeuner.
   Je viens de prendre mon petit déjeuner.
4) Vous allez visiter la Notre-Dame.
   Vous venez de visiter la Notre-Dame.
5) Elle va conduire son mari au bureau.
   Elle vient de conduire son mari au bureau.

4
1) Elle peut aller chercher son frère.
2) Elles peuvent aller chercher son frère.
3) Nous pouvons aller chercher son frère.
4) Vous pouvez aller chercher son frère.
5) Il peut aller chercher son frère.

5
1) Je veux acheter une belle voiture.
2) Je veux du café.
3) Je veux voyager à travers le monde.
4) Je veux rester tranquille.
5) Je veux descendre sur le quai.

6
1) Nous devons travailler beaucoup.
2) Je dois travailler beaucoup.
3) Vous devez travailler beaucoup.
4) Elle doit travailler beaucoup.
5) Ils doivent travailler beaucoup.

7
1) Nous ne pouvons pas sortir ce soir.
2) Je n'aime pas faire du ski.
3) Il ne sait pas danser.
4) Vous ne devez pas faire une promenade.
5) Elles ne veulent pas attendre leurs amies.

8
1) Je fais bien mon travail.
2) Il fait bien son travail.
3) Nous faisons bien notre travail.
4) Ils font bien leur travail.
5) Elle fait bien son travail.

9
1) Peut-elle assister au cours de français?
2) Mon père veut-il lire le journal d'aujourd'hui?
3) Voulez-vous danser avec Louis?
4) Savent-ils jouer au tennis?

10
1) Non, je ne peux pas venir demain.
2) Oui, je veux aller au Louvre.
3) Non, il ne sait pas compter.
4) Oui, je veux du café.

5) Non, je n'aime pas faire la cuisine.

11
1) Nous disons la vérité.
2) Il dit la vérité.
3) Ils disent la vérité.
4) Vous dites la vérité.
5) Elle dit la vérité.

12
1) Mon frère va voir un film français.
2) Je vais voir votre mère.
3) Elle va chercher son oncle à la gare.
4) Elle doit venir à Paris.
5) Je dois aller chez ma sœur.
6) Elles doivent arriver aujourd'hui.

프랑스의 21세기 새 국토 만들기

퐁피두센터 앞에 2000년까지 1천일의 시간을 카운트다운하는 전광판이 설치된데 이어 빠리의 지하철 등에 2000년이 이제 우리 눈 앞에 다가오고 있음을 알리는 대형 포스터들이 나붙기 시작했다. '유럽, 세계, 새 바람, 자유, 평등, 박애'라는 글자가 쓰인 망원 렌즈가 미래를 잡고 있는 사진인데 전체 사진제목이 '2000년을 창조하기 위한 1천일'이다. 2000년은 기다리면 그냥 찾아오는 달력상의 단순한 시간이 아니라 인간의 적극성이 반영되는 창조의 개념으로 보고 있는 것이다.

97년 4월 서남쪽 작은 마을 오시에서 알렝 쥐페 총리 주재로 열린 프랑스 정부 각료회의에서도 2000년을 앉아서 기다리지만은 않겠다는 프랑스인들의 적극성이 잘 드러났다. 이 회의에서 프랑스의 장관들은 2015년의 프랑스 국토의 모습이 어떠해야 하는지에 대한 국토가꾸기 기본 디자인을 끝내고 이를 97년 가을 의회에 제출하기로 했다. 그들이 그리고 있는 2015년 프랑스 국토의 모습은 어느 한쪽이 기울어지지 않는 균형된 발전을 실현하고 있는 것이다. 그래야만 통합 유럽의 건설 이후에도 프랑스가 여전히 유럽의 중심에 머무를 수 있다는 것이다.

2015년의 프랑스 국토 가꾸기 디자인에서 오시 각료회의는 80개의 정부 조치를 채택했다. 그중 첫 번째가 프랑스의 모든 학교와 도서관을 정보 고속도로로써 하나로 연결하는 작업이다.

그 다음이 빠리와 그 주변에 있는 13개의 정부 산하 기관을 지방에 분산 재배치하는 일이다. 94~96년 2년 사이에 프랑스 중앙 정부 공무원 4만6천명이 이미 지방으로 일 자리를 옮겼거나 옮기고 있는데 이 숫자를 2000년까지 8만명 수준으로 계속 확대해 나가겠다는 것이다.

프랑스의 2015년 국토가꾸기 계획에서 가장 핵심적인 것은 지방 특산품 장려계획이다. 프랑스 중소기업 장관은 이 계획과 관련해 프랑스 전국을 순방했다. 그는 프랑스 최고의 초콜릿을 만들고 있는 누존빌르라는 작은 마을에 들러 누존빌르를 프랑스 최고만이 아니라 세계 최고의 초콜릿 생산지가 되도록 정부의 지원을 약속했다.

오시 각료회의에서 각 부처 장관들은 이 모든 것이 결국은 그 지역에 사는 주민들 손에 의해 이뤄져야 하며 중앙정부는 지원과 대강의 밑그림만을 제공하는 선에서 끝내야 한다는데에 의견을 같이 했다. 주민의 주도권 행사가 배제된 국토 만들기는 의미가 없다는 것이다.

제 10 과

[요점정리]

1. 인칭대명사

주어	직접목적어	간접목적어
je(j')	me (m')	me (m')
tu	te (t')	te (t')
il elle	le (l') la (l')	lui
nous	nous	nous
vous	vous	vous
ils elles	les	leur

   그러나 긍정 명령형에서 me, te는 moi, toi가 된다.
   Regardez-moi.   나를 보시오

2. 어순
   1) 직,간접 목적어는 일반동사 앞에 놓인다.
      Je la regarde.   나는 그녀를 본다.

      긍정 명령형에서는 어순이 바뀐다.
      Regardez-la.   그녀를 보시오.

   2) 명령형에서는 동사 - 직접목적어 - 간접목적어의 어순이 된다.
      Donnez-les-lui.   그것들을 그에게 주시오.

연습문제

1. 보기와 같이 명령문을 만들어 보시오.

   보기
   > Nous préparons la leçon. → Préparons-la.
   > 우리는 학과를 준비한다.   그것을 준비하자.

   1) Vous regardez le tableau.   → _____
      당신은 그림을 봅니다.

   2) Nous prenons les livres.   → _____
      우리는 책들을 집는다.

   3) Tu écoutes la chanson.   → _____
      너는 노래를 듣는다.

   4) Vous mettez le chandail.   → _____
      당신은 스웨터를 입는다.

2. 보기와 같이 다시 써 보시오.

   보기
   > Je cherche mes parents. → Je les cherche.
   > 나는 부모님을 찾는다.   나는 그들을 찾는다.

   1) Il sait mon nom.   → _____
      그는 내 이름을 알고 있다.

2) Nous invitons nos amis à dîner.
   우리는 우리 친구들을 저녁식사에 초대한다.
   → _____

3) Vous achetez cette robe.
   당신은 이 드레스를 산다.
   → _____

4) Je connais M. Durand.
   나는 뒤랑씨를 알고 있다.
   → _____

3. 다음과 같이 다시 써 보시오.

   > **보기**
   >
   > Vous connaissez Mme Durand.
   > 당신은 뒤랑부인을 알고 있습니다.
   > → La connaissez-vous?
   >   그녀를 아십니까?

   1) Vous aimez ce tableau.   → _____
      당신은 이 그림을 좋아한다.

   2) Il nous regarde.   → _____
      그는 우리를 본다.

   3) Vous me cherchez.   → _____
      당신은 나를 찾는다.

   4) Vous étudiez le français.   → _____
      당신은 프랑스어를 공부한다.

5) Mme Vincent invite ses amis à dîner.
뱅쌍부인은 자기 친구들을 저녁식사에 초대한다.
→ _____

4. 보기에서와 같은 반응을 나타내 보시오.

> **보기**
>
> Je cherche André. (trouver)
> 나는 앙드레를 찾고 있다.
> → Mais, je ne le trouve pas.
>   그러나, 나는 그를 발견하지 못한다.

1) Il prend son chapeau. (mettre)
그는 모자를 산다.
→ _____

2) Nous aimons ces chansons. (chanter)
우리는 이 노래들을 좋아한다.
→ _____

3) Vous savez cette nouvelle. (annoncer)
당신은 이 소식을 알고 있다.
→ _____

4) Elle connaît cette histoire. (raconter)
그녀는 이 이야기를 알고 있다.
→ _____

5) Les élèves regardent leur professeur. (écouter)
학생들은 그들의 선생님을 본다.
→ _____

5. 명령문을 만들어 보시오.

> **보기**   Il faut me regarder. → Regardez-moi.
> 나를 보아야 한다.   나를 보시오.

1) Il faut me suivre.   → _____
   나를 따라와야 한다.

2) Il faut m'écouter.   → _____
   내 말을 들어야 한다.

3) Il faut m'aimer.   → _____
   나를 사랑해야 한다.

4) Il faut m'emmener.   → _____
   나를 데려가야 한다.

6. 다음 질문에 답하시오.

>   Regardez-vous la télévision? (Oui)   TV 보십니까?
> → Oui, je la regarde.   네, 봅니다.

1) Trouvez-vous Paul intelligent? (Oui)
   당신은 뽈이 똑똑하다고 생각하십니까?
   → _____

2) Mme Martin nous invite-t-elle? (Non)
   마르땡 부인은 우리를 초대합니까?
   → _____

3) Aimez-vous ces fleurs? (Oui)
   이 꽃들을 좋아하십니까?
   → _____

4) M'entendez-vous bien? (Non)
   내 말이 잘 들리십니까?
   → _____

5) Votre frère vous cherche-t-il? (Oui)
   당신 형(동생)이 당신을 찾습니까?
   → _____

7. 밑줄친 부분을 대명사로 다시 써 보시오.

> **보기**
>
> André offre un bouquet <u>à Hélène</u>.
> 앙드레는 엘렌에게 꽃다발을 줍니다.
> → Il lui offre un bouquet.
>   그는 그녀에게 꽃다발을 줍니다.

1) Il présente sa fiancée <u>à sa mère</u>.
   그는 자기 어머니께 약혼자를 소개한다.
   → _____

2) Je prête mon dictionnaire <u>à mes amis</u>.
   나는 친구들에게 사전을 빌려준다.
   → _____

3) Vous écrivez souvent <u>à votre père</u>.
   당신은 아버지께 자주 편지를 쓴다.
   → _____

4) Je fais un gâteau <u>à mes enfants</u>.
   나는 내 아이들에게 케이크를 만들어 준다.
   → _____

8. 보기와 같은 반응을 나타내시오.

   보기
   Il pense à sa mère. (écrire)
   그는 자기 어머니를 생각한다.
   → Mais, il ne lui écrit pas.
      그러나, 그는 그녀에게 편지를 쓰지 않는다.

   1) Je vois Georges. (parler)
      나는 죠르쥬를 본다.
      → _____

   2) Elle respecte ses parents. (obéir)
      그녀는 자기 부모님을 존경한다.
      → _____

   3) Vous m'entendez bien. (répondre)
      당신은 내 말을 잘 듣는다.
      → _____

9. 보기와 같이 다시 써 보시오.

   보기
   Donnez <u>ces livres</u> <u>à Georges</u>. → Donnez-les-lui.
   이 책들을 죠르쥬에게 주시오.   이것들을 그에게 주시오.

1) Racontez <u>cette histoire</u> <u>à vos parents</u>.
   이 이야기를 당신 부모님께 하시오.
   → _____

2) Apportez-<u>nous</u> <u>ce paquet</u>.
   이 상자를 우리에게 주시오.
   → _____

3) Gardez <u>cette chambre</u> <u>pour moi</u>.
   이 방을 나를 위해 예약하시오.
   → _____

4) Prêtez-<u>moi</u> <u>ce livre</u>.
   이 책을 내게 빌려주시오.
   → _____

5) Achetez <u>ces fleurs</u> <u>pour votre mère</u>.
   이 꽃들을 당신 어머니를 위해 사시오.
   → _____

10. 밑줄친 부분을 대명사로 써 보시오.

> **보기**
>
> Il faut finir <u>ce travail</u>. → Il faut le finir.
> 이 일을 끝내야 한다.   그것을 끝내야 한다.

1) Il faut chercher <u>Marie</u>.   → _____
   마리를 찾아야 한다.

2) Il faut attendre <u>nos amis</u>.
   우리 친구들을 기다려야 한다.
   → _____

3) Je veux apprendre <u>le français</u>.
   나는 프랑스어를 배우고 싶다.
   → _____

4) Il faut écrire <u>à mes parents</u>.
   내 부모님께 편지써야 한다.
   → _____

5) Il faut demander <u>à Paul</u>.
   뽈에게 물어야 한다.
   → _____

11. 밑줄친 부분을 바꿔 써 보시오.

> **보기**
> Georges vient chez <u>moi</u> avec <u>elle</u>.
> 죠르쥬는 그녀와 함께 나의 집에 온다.

1) _____ (nous, lui)

2) _____ (toi, elles)

3) _____ (vous, eux)

4) _____ (lui, toi)

해답

1
1) Regardez-le.
2) Prenons-les.
3) Ecoute-la.
4) Mettez-le.

2
1) Il le sait.
2) Nous les invitons à dîner.
3) Vous l'achetez.
4) Je le connais.

3
1) L'aimez-vous?
2) Nous regarde-t-il?
3) Me cherchez-vous?
4) L'étudiez-vous?
5) Mme Vincent les invite-t-elle à dîner?

4
1) Mais, il ne le met pas.
2) Mais, nous ne les chantons pas.
3) Mais, vous ne l'annoncez pas.
4) Mais, elle ne la raconte pas.
5) Mais, ils ne l'écoutent pas.

5
1) Suivez-moi.
2) Ecoutez-moi.
3) Aimez-moi.
4) Emmenez-moi.

6
1) Oui, je le trouve intelligent.
2) Non, elle ne nous invite pas.
3) Oui, je les aime.
4) Non, je ne vous entend pas bien.
5) Oui, il me cherche.

7
1) Il lui présente sa fiancée.
2) Je leur prête mon dictionnaire.
3) Vous lui écrivez souvent.

4) Je leur fais un gâteau.

8
1) Mais, je ne lui parle pas.
2) Mais, elle ne leur obéit pas.
3) Mais, vous ne me répondez pas.

9
1) Racontez-la-leur.   2) Apportez-le-nous.
3) Gardez-la-moi.   4) Prêtez-le-moi.
5) Achetez-les-lui.

10
1) Il faut la chercher.   2) Il faut les attendre.
3) Je veux l'apprendre.   4) Il faut leur écrire.
5) Il faut lui demander.

11
1) Georges vient chez nous avec lui.
2) Georges vient chez toi avec elles.
3) Georges vient chez vous avec eux.
4) Georges vient chez lui avec toi.

프랑스 초등학교의 국어교육

Paris의 프랑수아 코페 초등학교 5학년인 마리옹은 이달 초 2학기(프랑스는 가을에 학기가 시작되며 3학기 제임) 성적표를 받아보고 날아갈 것 같았다.
국어(프랑스어)과목의「암송」부문에서 만점인 20점을 받은 것이다.
라 퐁텐과 같은 우화작가의 이야기나 보들레르, 랭보 등 시인들의 작품을 외워 친구들 앞에서 발표한 뒤 질문에 답변하는 암송은 수줍음이 많은 마리옹에겐 쉽지 않았던 것.
『네가 말을 제대로 할 줄 모르면 너를 다른 사람에게 알릴 수가 없잖니』마리옹은 이렇게 타이르는 엄마 앞에서 연습을 거듭한 끝에 만점을 받았다. 담임선생님도『브라보! 계속 열심히 하세요』라고 칭찬해 주셨다.
모국어에 대한 자부심이 대단한 프랑스의 초등학교에서는 국어 수업이 1주일에 9시간이나 된다. 문법, 동사변화, 읽기와 어휘, 쓰기, 철자, 암송 등 여섯가지 부문으로 나눠 국어교육을 철저히 시킨다.
이중에서도 중요하게 다뤄지는 암송시간에는 매주 시나 산문을 외워 급우들 앞에서 발표해야 한다. 연극의 한토막을 연기하기도 한다. 채점 기준은 내용을 잘 이해하고 있는지, 발음은 정확한지, 설득력이 있는지 등이다.
이 학교 데포세교장은『적절한 어휘를 사용해 자신의 의사를 정확히 전달할 줄 아는 것은 토론문화를 중시하는 사회 생활의 기본』이라며『수업시간에 말을 하려하지 않거나 의사표현이 불분명한 학생들에게는 특별히 세심한 주의를 기울여 지도한다』고 설명했다.
그래서인지 빠리 사람들은 말이 많다. 길가에 늘어서 있는 카페에 앉아 끝없이 대화를 나눈다. 집에서도 마찬가지다.

[요점정리]

1. 의문대명사

	주격	직접목적어	간접목적어
사람	qui qui est-ce qui	qui qui est-ce que	전치사+qui
사물	qu'est-ce qui	que qu'est-ce que	전치사+quoi

2. 의문부사
   Quand? 언제   Depuis quand? 언제부터
   Comment? 어떻게   Où?   어디에?
   Pourquoi? 왜

3. **jeter** 동사(던지다)의 활용
   je jette   tu jettes   il jette
   nous jetons   vous jetez   ils jettent

4. **acheter** 동사(사다)의 활용
   j'achète   tu achètes   il achète
   nous achetons   vous achetez   ils achètent

5. **préférer** 동사(~를 선호하다)의 활용
   je préfère   tu préfères   il préfère
   nous préférons   vous préférez   ils préfèrent

연습문제

1. 보기와 같이 의문문을 만들어 보시오.

> **보기**
>
> | | |
> |---|---|
> | Jean écoute les disques. | → Qui écoute les disques? |
> | 장은 음반을 듣는다. | 누가 음반을 듣지? |
> | Je cherche Jean. | → Qui cherchez-vous? |
> | 나는 장을 찾습니다. | 누구를 찾으시나요? |
> | Je regarde la télévision. | → Que regardez-vous? |
> | 나는 TV를 본다. | 무엇을 보십니까? |

1) <u>Marie</u> demande de l'eau.   → _____
   마리는 물을 요청한다.

2) Je lis <u>un roman fançais</u>.   → _____
   나는 프랑스 소설을 읽는다.

3) Ils attendent <u>leur frère</u>.   → _____
   그들은 그들의 형제를 기다린다.

4) Je fais <u>mon travail</u>.   → _____
   나는 내 일을 한다.

5) <u>M. Vincent</u> conduit une auto.
   뱅쌍씨는 차를 운전한다.
   → _____

2. 보기와 같이 질문을 만들어 보시오.

> **보기**
> Je pense à <u>ma mère</u>.　　→ A qui pensez-vous?
> 나는 내 어머니를 생각합니다.　　누구를 생각하십니까?
> Je pense à <u>mon avenir</u>.　→ A quoi pensez-vous?
> 나는 내 미래를 생각한다.　　무엇을 생각하십니까?

1) Pierre vient avec <u>sa femme</u>.　→ _____
   삐에르는 자기 아내와 같이 온다.

2) Je compte sur <u>mon père</u>.　→ _____
   나는 내 아버지를 믿는다.

3) Ils parlent de <u>leur pays</u>.　→ _____
   그들은 그들의 나라에 대해 말한다.

4) Je dessine avec <u>un crayon</u>.　→ _____
   나는 연필로 그림을 그린다.

5) Elle travaille pour <u>ses enfants</u>. → _____
   그녀는 자기 자식들을 위해 일한다.

3. 질문에 답해보시오.

>
> A qui servez-vous du café? (친구에게)
> 누구에게 커피를 드립니까?
> → Je sers du café à mon ami.
> 　 내 친구에게 줍니다.

1) Qui est-ce? (쟝)   → _____
   누구지?

2) Que prenez-vous après le dîner? (커피)
   저녁식사후에 무엇을 드십니까?
   → _____

3) Avec qui allez-vous au théâtre? (약혼자, 남)
   누구와 함께 극장에 가십니까?
   → _____

4) Qui voyez-vous par la fenêtre? (죠르쥬)
   창밖으로 누구를 보십니까?
   → _____

5) Qui est-ce qui vous attend? (나의 어머니)
   누가 당신을 기다리십니까?
   → _____

4. 문장의 주어를 바꿔 보시오.

   보기 J'aperçois Marie au coin de la rue.
   나는 길 모퉁이에 있는 마리를 본다.

   1) Ils _____
   2) Nous _____
   3) Vous _____
   4) Ils _____
   5) Elle _____

5. 보기와 같은 반응을 나타내 보시오.

J'écris une lettre. (누구에게) → A qui écrivez-vous?
나는 편지를 씁니다.　　　　　　누구에게 편지를 씁니까?

1) Je vais lire. (무엇을)
나는 책을 읽겠다.
→ _____

2) Marie demande à Paul. (무엇을)
마리는 뽈에게 묻는다.
→ _____

3) Je porte ce paquet. (누구에게)
나는 이 꾸러미를 나른다.
→ _____

4) Ils parlent. (누구에 관해)
그들은 말한다.
→ _____

6. 다음 질문에 답해 보시오.

Quand partez-vous pour la France? (이번 주말에)
언제 프랑스로 떠나십니까?

→ Je pars pour la France à la fin de la semaine.
나는 주말에 프랑스로 떠납니다.

1) Quand votre tante vient-elle chez vous? (오늘 저녁에)

아주머니는 언제 당신 집에 오십니까?

→ _____

2) Quand est-ce que vous allez à la campagne? (내주에)
   언제 시골에 가십니까?

   → _____

3) Quand est-ce que vous allez quitter la France? (내년에)
   언제 프랑스를 떠나실 계획입니까?

   → _____

> **보기**
>
> Depuis quand apprenez-vous le français? (3개월 전부터)
> 언제부터 프랑스어를 배우십니까?
>
> → J'apprends le français depuis trois mois.
>   나는 3개월 전부터 프랑스어를 배웁니다.

4) Depuis quand votre frère est-il en France? (10개월 전부터)
   언제부터 당신의 형은 프랑스에 있습니까?

   → _____

5) Depuis quand conduisez-vous cette voiture? (작년부터)
   언제부터 이 차를 모십니까?

   → _____

6) Depuis quand êtes-vous marié? (4년 전부터)
   결혼한지 얼마나 되셨습니까?

   → _____

> **보기**
> Comment allez-vous à votre université? (지하철로)
> 대학에 어떻게 가십니까?
> → Je vais à mon université par le métro.
>   지하철로 갑니다.

7) Comment allez-vous en France? (비행기로)
   프랑스에 어떻게 가십니까?
   → _____

8) Comment allez-vous voyager? (배로)
   어떻게 여행하실 겁니까?
   → _____

9) Comment votre père va-t-il au bureau? (버스로)
   당신 아버지는 어떻게 출근하십니까?
   → _____

> **보기**
> Où allez-vous ce soir? (콘서트에) → Nous allons au concert.
> 오늘 저녁 어디 가십니까? → 우리는 콘서트에 갑니다.

10) Où passez-vous vos vacances cet été? (바닷가에서)
    금년 여름휴가를 어디서 보냅니까?
    → _____

11) Où allez-vous déjeuner? (식당에서)
    어디서 식사하실 겁니까?
    → _____

12) Où apportez-vous ces fleurs? (그녀의 집에)

이 꽃들을 어디로 갖고 가십니까?
→ _____

> **보기**
>
> Pourquoi ne vient-il pas ce soir? (아파서)
> 왜 그는 오늘 저녁 오지 않습니까?
> → Parce qu'il est malade.
>   아프기 때문입니다.

13) Pourquoi reste-t-il à la maison? (피로해서)
    왜 그는 집에 있습니까?
    → _____

14) Pourquoi ne voulez-vous pas aller au cinéma? (바빠서)
    왜 영화보러 가지 않으려 합니까?
    → _____

15) Pourquoi apprenez-vous le français? (프랑스에 가려고)
    왜 프랑스어를 배우십니까?
    → _____

7. 다음 각 문장의 주어를 바꿔 써 보시오.

> **보기**
>
> Je préfère aller au cinéma ce soir.
> 나는 오늘 저녁 영화보러 가기를 더 좋아합니다.

1) Vous   → _____
2) Les enfants → _____
3) Il   → _____
4) Nous   → _____

5) Elles   → _____

보기   Je jette du papier. → 나는 종이를 던진다.

6) Il   → _____
7) Vous   → _____
8) Nous   → _____
9) Ils   → _____
10) Tu   → _____

보기   J'achète des souliers neufs. → 나는 새 구두를 산다.

11) Nous   → _____
12) Il   → _____
13) Ils   → _____
14) Vous   → _____
15) Elle   → _____

보기   J'envoie une lettre à mes parents.
          나는 부모님께 편지를 보낸다.

16) Nous   → _____
17) Vous   → _____
18) Elle   → _____
19) Il   → _____
20) Elles   → _____

해답

1
1) Qui demande de l'eau? 2) Que lisez-vous?
3) Qui attendent-ils? 4) Que faites-vous?
5) Qui conduit une auto?

2
1) Avec qui Pierre vient-il? 2) Sur qui comptez-vous?
3) De quoi parlent-ils? 4) Avec quoi dessinez-vous?
5) Pour qui travaille-t-elle?

3
1) C'est Jean. 2) Je prends du café.
3) Je vais au théâtre avec mon fiancé.
4) Je vois Georges par la fenêtre.
5) Ma mère m'attend.

4
1) Il aperçoit Marie au coin de la rue.
2) Nous apercevons Marie au coin de la rue.
3) Vous apercevez Marie au coin de la rue.
4) Ils aperçoivent Marie au coin de la rue.
5) Elle aperçoit Marie au coin de la rue.

5
1) Qu'allez-vous lire? 2) Que demande-t-elle?
3) A qui portez-vous ce paquet?
4) De quoi parlent-ils?

6
1) Elle vient chez moi ce soir.
2) Je vais à la campagne la semaine prochaine.
3) Je vais quitter la France l'année prochaine.
4) Il est en France depuis dix mois.
5) Je conduis cette voiture depuis l'année dernière.

6) Je suis marié depuis quatre ans.
7) Je vais en France en avion.
8) Je vais voyager en bateau.
9) Il va au bureau par l'autobus.
10) Nous passons nos vacances au bord de la mer.
11) Nous allons déjeuner au restaurant.
12) Je les apporte chez elle.
13) Parce qu'il est fatigué.
14) Parce que je suis occupé.
15) Parce que je veux aller en France.

7

1) Vous préférez aller au cinéma.
2) Les enfants préfèrent aller au cinéma.
3) Il préfère aller au cinéma.
4) Nous préférons aller au cinéma.
5) Elles préfèrent aller au cinéna.
6) Il jette du papier.
7) Vous jetez du papier.
8) Nous jetons du papier.
9) Ils jettent du papier.
10) Tu jettes du papier.
11) Nous achetons des souliers neufs.
12) Il achète des souliers neufs.
13) Ils achètent des souliers neufs.
14) Vous achetez des souliers neufs.
15) Elle achète des sonliers neufs.
16) Nous envoyons une lettre à nos parents.
17) Vous envoyez une lettre à nos parents.
18) Elle envoie une lettre à nos parents.
19) Il envoie une lettre à nos parents.
20) Elles envoient une lettre à nos parents.

칸느 영화제

(히어리히 폰 클라이스트의 합본르크 왕자)

　황금종려나무로 상징되는 지구촌 최고의 영화 축제는 금빛 찬란하게 반세기를 맞았다.
　제50회 칸느 국제영화제가 97년 5월 7일 뤽 베송 감독의 「제5원소」(The Fifth Element)를 개막 영화로 막을 올렸다.
　팔레 데 페스티벌(축제 궁전)의 뤼미에르 대극장. 가까운 특급 호텔들로부터 검은색 리무진들이 줄지어 미끄러져 들어왔다. 『경쟁 부문 심사위원장!』 프랑스 여배우 이자벨 아자니가 소개될 때, 개막 영화 「제5원소」의 주인공, 톱스타 브루스 윌리스가 뤽 베송 감독과 함께 손을 흔들 때 시민들의 환호는 절정에 이르렀다.
　97년 칸 영화축제에서 가장 큰 갈채를 받는 주인공은 다름아닌 칸느영화제 자신이다. 출품 영화 이미지들을 몽타주해놓던 예년과 달리, 영화제 메인 홀인 축제 궁전 초대형 간판에도 대형 황금 종려 모형을 얹었다. 5월 7일 프랑스 주요 신문들은 어수선한 프랑스 정정 때문에 칸느영화제 불참을 고려하던 시라크 대통령이 참석하기로 결정했다는 사실을 1면 머릿기사로 일제히 보도했다.
　칸느영화제를 찾아오면 1년 뒤의 세계 영화계가 보인다. 「일류들끼리의 잔치」라는 볼멘 소리를 들을만큼 최고의 영화를 놓치지 않는 칸느는 50년 기념 잔칫상에 더욱 풍성한 화제작들을 올렸다.
　프랑스 영화로는 모처럼 개막 테이프를 끊은 「제5원소」는 「니키타」

「레옹」의 감독 뤽 베송이「영화를 낳은 나라」라는 프랑스 관객들의 자존심 어린 성원 속에 비밀 프로젝트처럼 찍은 야심작이다. 황금 종려상을 노리는 경쟁 부문도 화려하다. 프랑스의 기대를 한몸에 받는 마티유카소비츠의「암살자들」, 캐나다 아톰 에고이안의「달콤한 내세」, 영국 영화의 새로운 기수 마이클 윈터바텀 감독이 미국 배우 우디 해럴슨을 기용해 찍은「웰컴 투 사라예보」…. 각국 영화계 새흐름의 중심에 선「젊은」영화들이다. 독일 빔 벤더스 감독의「폭력의 종말」도 진출했고, 칸느의 단골손님 장 이모우 감독은 현대 중국을 배경으로 만든 첫 작품「유화호 호설」로 초대됐으나 중국 당국이 출국을 금지해 말썽이 되고 있다. 필름마켓을 맴돌던 대만 감독 이안은「아이스 스톰」으로 공식경쟁 부문에 드디어 진출했고, 우리나라 전수일 감독의 중편영화「내안에 우는 바람」(영어제목: Wind Echoing in My Being)은 비경쟁인「주목할만한 시선」부문에 초대됐다.

이들 공식 참가작 80여편과 필름 마켓의 영화들을 합하면 칸느를 찾아온 영화는 4백 70여편. 18일 클린트 이스트우드 감독-주연의「앱솔루트 파워」가 폐막 영화로 상영될 때까지 2주일간 37개의 각종 극장에서 밤낮없이 상영된다. 세계 영화계를 움직이는 제작자, 감독, 배우, 언론인 등 모두 5만여명의 관계자가 2주일간 칸느에 머무는 동안, 남불의 조그만 휴양 도시는 세계영화의「임시 수도」가 된다.

제 12 과

[요점정리]

1. 대명동사: **se lever** 일어나다.

   1) 활용

je me lève	nous nous levons
tu te lèves	vous vous levez
il se lèves	ils se lèvent

   - 명령형　① 긍정: Levez-vous!　일어나시오.
   　　　　　② 부정: Ne vous levez pas!
   　　　　　　　　　일어나지 마시오.
   - 부정문　Je ne me lève pas.
   　　　　　나는 일어나지 않는다.
   - 의문문　Est-ce qu'il se lève? Se lève-t-il?
   　　　　　그는 일어납니까?

   2) 용법

   ① 재귀적
   　Je <u>me</u> lève à six heures. (직접 목적어)
   　나는 6시에 일어난다.
   　Je <u>me</u> lave les mains. (간접 목적어)
   　나는 손을 씻는다.

② 상호적
　　Ils s'aiment. (직접 목적어)　그들은 서로 사랑한다.
　　Ils s'écrivent des lettres. (간접 목적어)
　　그들은 서로에게 편지를 쓴다.

③ 수동적
　　Ce crayon se vend bien.　이 연필은 잘 팔린다.
　　La maison se voit de loin.　그 집은 멀리서 보인다.

④ 본질적
　　s'en aller　　　　가버리다
　　se moquer de　　～를 놀리다, 비웃다.
　　se servir de　　 ～를 사용하다
　　se souvenir de　～를 기억하다.

2. **EN** 대명사 (1)

부정관사		
부분관사	+	명사
수　　사		
수량부사		

Combien de frères avez-vous?
형제가 몇 명있습니까?
→ J'en ai deux. (=J'ai deux *frères*.)
　　나는 두명이 있습니다.

연습문제

1. 밑줄친 부분의 동사를 바꿔 써 보시오.

   보기 Je vais me coucher.   나는 잠을 자겠다.

   1) 나는 일어나겠다.
      _____ (se lever)

   2) 나는 옷을 입겠다.
      _____ (s'habiller)

   3) 나는 휴식을 취하겠다.
      _____ (se reposer)

   4) 나는 이를 닦겠다.
      _____ (se brosser les dents)

   5) 나는 손을 씻겠다.
      _____ (se laver les mains)

2. 다음 문장의 주어를 바꿔보시오.

   보기A Je me couche.   나는 잠자리에 든다.

1) Vous _____
2) Elle _____
3) Nous _____
4) Tu _____
5) Ils _____

보기 B | Je me lève.　나는 일어난다. |

1) Il _____
2) Vous _____
3) Nous _____
4) Ils _____
5) Elle _____

3. 아래 문장과 같이 다시 써 보시오.

보기 A
| Je lève mon frère.　나는 내 형을 일으킨다. |
| → Je le lève.　나는 그를 일으킨다. |
| → Je me lève.　나는 스스로 일어난다. |

1) Il lave sa voiture.　　→ _____
　그는 자기 차를 닦는다.

2) Elle habille sa fille.　→ _____
　그녀는 자기 딸을 옷 입힌다.

3) Je couche mes enfants. → _____
   나는 내 자식들을 재운다.

> **보기 B**
> Je lave les mains de mon frère.
> 나는 동생의 손을 씻어준다.
> → Je lui lave les mains.   나는 그에게 손을 씻어준다.
> → Je me lave les mains.   나는 내 손을 씻는다.

1) Elle brosse les cheveux de sa fille.
   그녀는 자기 딸의 머리를 빗는다.
   → _____

2) Figaro rase le visage de son patron.
   피가로는 자기 주인의 얼굴을 면도한다.
   → _____

3) Il blesse les doigts de son camarade.
   그는 동료의 손가락을 다치게 한다.
   → _____

4. 보기와 같이 써 보시오.

> **보기**
> Il aime Marie. Marie l'aime aussi.
> 그는 마리를 사랑한다. 마리도 그를 사랑한다.
> → Ils s'aiment.   그들은 서로 사랑한다.

1) Tu parles à ton professeur. Il te parle aussi.
   너는 선생님께 말한다. 선생님도 너에게 말한다.
   → _____

2) Je téléphone à Marie. Elle me téléphone aussi.
   나는 마리에게 전화한다. 그녀도 내게 전화한다.
   → _____

3) Il cherche ses camarades. Ils le cherchent aussi.
   그는 그의 동료들을 찾는다. 그들도 그를 찾는다.
   → _____

4) Paul bat son frère. Son frère le bat aussi.
   뽈은 자기 형을 때린다. 그의 형도 그를 때린다.
   → _____

5. 부정문으로 만들어 보시오.

> **보기**
>
> Je me lève à sept heures.
> 나는 7시에 일어난다.
> → Je ne me lève pas à sept heures.
> 나는 7시에 일어나지 않는다.

1) Elle se brosse les dents tous les soirs.
   그녀는 매일 저녁 이를 닦는다.
   → _____

2) Je me souviens de lui.
   나는 그를 기억한다.
   → _____

3) Nous nous promenons après le déjeuner.
   우리는 점심식사후에 산책한다.
   → _____

4) Pierre s'intéresse à la littérature française.
   쀄에르는 프랑스문학에 관심을 갖는다.
   → _____

6. 의문문을 만들어 보시오.

> **보기**
>
> Vous vous levez à sept heures.
> 당신은 7시에 일어납니다.
> → Vous levez-vous à sept heures?
>   7시에 일어나십니까?

1) Il s'appelle M. Legrand.   → _____
   그의 이름은 르그랑이다.

2) Elles s'aident l'une l'autre.   → _____
   그 여자들은 서로 돕는다.

3) Vous vous souvenez de l'été dernier.
   당신은 작년 여름을 기억하고 있다.
   → _____

7. 다음 질문에 답해보시오.

> **보기**
>
> Vous levez-vous à six heures? (Non)
> 6시에 일어나십니까?
> → Non, je ne me lève pas à six heures.
>   아니오, 6시에 일어나지 않습니다.

1) Vous dépêchez-vous? (Non)
   서두르십니까?
   → _____

2) Les élèves se moquent-ils de leur professeur? (Oui)
   학생들은 그들의 선생님을 놀립니까?
   → _____

3) Vous rasez-vous avec un rasoir électrique? (Non)
   전기 면도기로 면도하십니까?
   → _____

4) Vous promenez-vous dans la forêt? (Oui)
   당신은 숲속을 거니십니까?
   → _____

8. 보기와 같은 반응을 나타내보시오.

> **보기**
>
> Vous ne vous reposez pas bien aujourd'hui.
> 당신은 오늘 잘 쉬지 못했습니다.
> → Reposez-vous!　쉬십시오.
>
> Vous vous moquez de moi.
> 나를 놀리는군요.
> → Ne vous moquez pas de moi!
> 　　나를 놀리지 마시오.

1) Vous ne vous lavez pas les mains.
   당신은 손을 씻지 않습니다.
   → _____

2) Tu ne te brosses pas les dents. → _____
너는 이를 닦지 않는다.

3) Vous vous dépêchez. → _____
당신은 서두른다.

4) Vous ne vous en allez pas. → _____
당신은 가버리지 않는다.

5) Nous ne nous dépêchons pas. → _____
우리는 서두르지 않는다.

9. en대명사를 이용해 다시 써 보시오.

> **보기**
>
> J'achète une robe. → J'en achète une.
> 나는 원피스를 한벌 산다.

1) Elle a trois frères. → _____
그녀는 남자 형제가 셋있다.

2) Je n'ai plus d'argent sur moi. → _____
나는 더 이상 돈을 갖고 있지 않다.

3) Voulez-vous du café? → _____
커피를 원하세요?

4) Il y a beaucoup de voitures devant la gare.
역 앞에 많은 차들이 있다.
→ _____

5) Avez-vous des allumettes? → _____
성냥 있으십니까?

10. 보기와 같이 답해 보시오.

 Georges a-t-il trois frères? (Oui) → Oui, il en a trois.
죠르쥬는 형제가 셋인가요?   네, 형제가 셋 있습니다.

Marie cherche-t-elle sa sœur? (Non)
마리는 자기 여자형제를 찾고 있나요?
→ Non, elle ne la cherche pas.
    아니오, 찾지 않습니다.

1) Y-a-t-il encore du beurre à la maison? (Oui)
   집에 아직 버터가 있습니까?
   → _____

2) Lisez-vous ces journaux? (Oui)
   이 신문들을 읽으시나요?
   → _____

3) Ne voulez-vous pas de bière? (Non)
   맥주를 원치 않으십니까?
   → _____

4) Achetez-vous souvent de la viande? (Oui)
   자주 고기를 사십니까?
   → _____

해답

1
1) Je vais me lever.
2) Je vais m'habiller.
3) Je vais me reposer.
4) Je vais me brosser les dents.
5) Je vais me laver les mains.

2
A. 1) Vous vous couchez.
2) Elle se couche.
3) Nous nous couchons.
4) Tu te couches.
5) Ils se couchent.

B. 1) Il se lève.
2) Vous vous levez.
3) Nous nous levons.
4) Ils se lèvent.
5) Elle se lève.

3
A. 1) Il la lave. → Il se lave.
2) Elle l'habille. → Elle s'habille.
3) Je les couche. → Je me couche.

B. 1) Elle lui brosse les cheveux.
    → Elle se brosse les cheveux.
2) Figaro lui rase le visage. → Figaro se rase le visage.
3) Il lui blesse les doigts. → Il se blesse les doigts.

4
1) Vous vous parlez.
2) Nous nous téléphonons.
3) Ils se cherchent.
4) Ils se battent.

5
1) Elle ne se brosse pas les dents tous les soirs.
2) Je ne me souviens pas de lui.
3) Nous ne nous promenons pas après le déjeuner.
4) Pierre ne s'intéresse pas à la littérature française.

6
1) S'appelle-t-il M. Legrand?
2) S'aident-elles l'une l'autre?
3) Vous souvenez-vous de l'été dernier?

7
1) Non, je ne me dépêche pas.
2) Oui, ils se moquent de leur professeur.
3) Non, je ne me rase pas avec un rasoir éléctrique.
4) Oui, je me promène dans la forêt.

8
1) Lavez-vous les mains!
2) Brosse-toi les dents!
3) Ne vous dépêchez pas!
4) Allez-vous-en!
5) Dépêchons-nous!

9
1) Elle en a trois.
2) Je n'en ai plus sur moi.
3) En voulez-vous?
4) Il y en a beaucoup devant la gare.
5) En avez-vous?

10
1) Oui, il y en a.
2) Oui, je les lis.
3) Non, je n'en veux pas.
4) Oui, j'en achète souvent.

빠리의 카페

르 프로코프 이래로 카페는 빠리 사람들에게는 생활의 일부가 되었고, 이방인들에게는 그들의 삶을 바라보는 장소가 되었다. 가장 호기심을 끄는 카페는 두 라이벌 되 마고와 플로르. 되 마고에서는 사르트르와 보봐르가 실존철학을 논했고, 카뮈와 헤밍웨이가 자주 드나들었다. 지금도 그들이 즐겨 앉던 몇몇 좌석 옆에는 명패가 붙어있다. 붉은색 의자와 마호가니의 고전적 아르데코 양식으로 플로르는 되 마고에 대항했다. 한때 아폴리네르가 운영하기도 했는데, 50년대 지성인들은 새로운 철학적 경향에 고민하기도 했다.

두 카페 바로 옆의 생제르맹 데 프레는 빠리에서 가장 오래된 교회다. 542년 실드베르 1세가 성물들을 보관하기 위해 지은 것인데, 안에는 데카르트의 묘가 있다. 교회 뒤쪽 뜰로 가면 소녀의 흉상 하나가 나타난다. 결코 예쁜 모습은 아닌데, 자세히 보면 아폴리네르와 로랑생을 합쳐놓은 인상이다. 그들을 서로 소개한 피카소가 제작하여 아폴리네르에게 헌정한 것이다.

생제르맹의 길이는 3Km가 넘는다. 교회에서 되 마고의 반대쪽으로 걸어 좌회전하면 소르본느 대학이 나온다. 다시 카페 쪽으로 한참 가면 202번지의 낡은 건물을 만난다. 그 건물 6층에서 아폴리네르가 사망했다. 졸라는 몽마르트르 부근의 비슷한 집에서, 드레퓌스가 두 번째 재심으로 무죄가 확인되기 전에 가스중독으로 생을 마감했다. 그 다음해에 드레퓌스사건을 소설화한 「진실」이 발간됐다.

아폴리네르의 묘비명은 「무게없는 인생을 나는 얼마나 자주 손으로 달아보았던가」이다. 그리고 졸라는 「진실」에서 『'정신적 빈자란 얼마나 행복한가'라는 치명적 오류야말로 얼마나 가증스러운 것인가』라고 쓴 바 있다.

제 13 과

[요점정리]

1. 복합과거 (passé composé)

    (1) 과거분사
    -é: -er동사   aimer → aimé, aller → allé
    -i: -ir동사   finir → fini, sortir → sorti
    -u: -re, -ir, -oir 등의 동사
           attendre → attendu, tenir → tenu, vouloir → voulu
    불규칙 형태: avoir → eu, être → été, faire → fait,
                prendre → pris

    (2) 형태
    ① **avoir + p.p** : 모든 타동사와 대부분의 자동사
       J'ai téléphoné à Marie.   나는 마리에게 전화했다.
    ② **être + p.p** : 일부 자동사
       aller 가다, venir 오다, partir 떠나다 등
       Elles sont allées au cinéma hier.
       그 여자들은 어제 영화관에 갔다.
       (과거분사를 성,수에 일치하는데 주의)
    ③ 부정문
       Je n'ai pas rencontré Pierre.
       나는 삐에르를 만나지 못했다.
    ④ 의문문
       Avez-vous rencontré Pierre?   삐에르를 만났습니까?

2. 인칭대명사

   (1) 위치: 동사의 앞
   Je l'ai cherchée.　나는 그녀를 찾아 다녔다.
   직접목적어가 avoir동사 앞에 놓일 때 과거분사는 주어의 성,수에 일치시킨다.

   (2) 두개 이상의 목적어

   ① 주어 - (ne) -

me	le	lui
te	la	leur
nous	les	
vous		

   - 동사 - (pas)

   J'ai offert ces fleurs à ma mère.
   나는 이 꽃들을 어머니께 드렸다.
   → Je les lui ai offertes.
   나는 이 꽃들을 어머니께 드렸다.

   ② 긍정명령: 동사 - 직접목적어 - 간접목적어
   Offrez - les - lui.　그것들을 그(그녀)에게 드려라.

3. **il y a :** ~전에
   J'ai rencontré votre père il y a une semaine.
   나는 1주일 전에 당신 아버지를 만났다.

4. **commencer à + inf :** ~하기 시작하다
   Il a commencé à lire un journal.
   그는 신문을 읽기 시작했다.

1. 아래 문장의 주어를 바꿔 써 보시오.

> **보기 A**
> J'ai été aux Etats-Unis l'année dernière avec mes amis.
> 나는 작년에 친구들과 함께 미국에 있었다.

1) Elle _____
2) Nous _____
3) Ils _____
4) Vous _____
5) Tu _____

> **보기 B**
> Je suis allé à Paris le mois dernier avec mon oncle.
> 나는 지난 달 아저씨와 함께 빠리에 갔었다.

1) Nous _____
2) Vous _____
3) Elle _____
4) Tu _____
5) Ils _____
6) Elles _____

2. 보기와 같이 복합과거로 써 보시오.

> **보기**
> Je téléphone à Marie. → J'ai téléphoné à Marie.
> 나는 마리에게 전화한다.   나는 마리에게 전화했다.

1) Il achète une belle voiture américaine.
   그는 멋진 미국 차를 산다.
   → _____

2) Les Duval prennent un taxi pour aller à la gare.
   뒤발 가족은 역까지 택시를 탄다.
   → _____

3) Elle veut visiter la région de Provence.
   그녀는 프로방스지역을 가보고 싶어한다.
   → _____

4) Nous finissons ce travail.
   우리는 이 일을 끝낸다.
   → _____

3. 보기와 같이 다시 써 보시오.

> Je viens vous chercher. → Je suis venu vous chercher.
> 나는 당신을 찾으러 옵니다.   나는 당신을 찾으러 왔습니다.

1) Mes parents reviennent de Paris.
   부모님은 빠리에서 돌아오신다.
   → _____

2) Il ne reste pas longtemps à Paris.
그는 빠리에 오래 머물지 않는다.
→ _____

3) Nous partons de Séoul à dix heures du matin.
우리는 오전 10시에 서울을 떠난다.
→ _____

4. 보기와 같이 복합과거로 써 보시오.

> **보기**
>
> J'écris une lettre. → J'ai écrit une lettre.
> 나는 편지를 쓴다.　　나는 편지를 썼다.
>
> Il descend du train. → Il est descendu du train.
> 그는 기차에서 내린다.　　그는 기차에서 내렸다.

1) Elle ouvre la porte et les fenêtres.
그녀는 문과 창문을 연다.
→ _____

2) Où arrivent-ils?
그들은 어디에 도착합니까?
→ _____

3) Nous suivons ce cours.
우리는 이 강의를 듣는다.
→ _____

4) Lisez-vous cet article?
이 기사를 읽으시나요?
→ _____

5. 부정문을 만들어 보시오.

J'ai rencontré Pierre. → Je n'ai pas rencontré Pierre.
나는 삐에르를 만났다.   나는 삐에르를 만나지 못했다.

1) Vous êtes arrivé à l'heure.
   당신은 제 시간에 도착했다.
   → _____

2) Il a fait ses devoirs.
   그는 과제물을 했다.
   → _____

3) Avez-vous reçu la lettre de Marie?
   마리의 편지를 받으셨나요.
   → _____

4) Nous avons compris votre explication.
   우리는 당신의 설명을 이해했습니다.
   → _____

6. 질문에 답해 보시오.

Marie est-elle déjà partie? (Oui)
마리는 이미 떠났지요?
→ Oui, elle est déjà partie.
   네, 그녀는 이미 떠났습니다.

1) Avez-vous bien dormi cette nuit? (Non)

간밤에 잘 주무셨습니까?
→ _____

2) A-t-il été en France? (Non)
   그는 프랑스에 갔었나요?
   → _____

3) Ne sont-elles pas restées à la maison? (Si)
   그 여자들은 집에 있지 않았나요?
   → _____

7. 의문문을 만들어 보시오.

> **보기**
> Vous avez pris le train de neuf heures.
> 당신은 9시 기차를 탔습니다.
> → Avez-vous pris le train de neuf heures?
> 9시 기차를 탔습니까?

1) Paul a réussi à ses examens.
   뽈은 시험에 성공했다.
   → _____

2) Vos parents ne sont pas partis ce matin.
   당신의 부모님은 오늘 아침에 떠나지 않았다.
   → _____

3) Vous n'avez pas répondu à ces lettres.
   당신은 이 편지들에 답하지 않았다.
   → _____

4) Il a vu Georges. → _____
그는 죠르쥬를 보았다.

8. 보기와 같이 다시 써 보시오.

> **보기**
> Je la cherche. → Je l'ai cherchée.
> 나는 그녀를 찾는다. 나는 그녀를 찾았다.

1) Paul la comprend. → _____
  뽈은 그녀를 이해한다.

2) Je les finis. → _____
  나는 그 일들을 끝낸다.

3) La voyez-vous? → _____
  그녀를 보십니까?

4) Nous ne les achetons pas. → _____
  우리는 그것들을 사지 않는다.

9. 보기와 같이 다시 써 보시오.

> **보기**
> Je vous ai écrit cette lettre.
> 나는 당신께 이 편지를 썼다.

1) Je leur ai montré ces photos.
   나는 그들에게 이 사진들을 보여주었다.
   → _____

2) Nous l'avons dit à Georges.
   우리는 죠르쥬에게 그 말을 했다.
   → _____

3) Vous m'avez prêté votre stylo.
   당신은 내게 만년필을 빌려 주었다.
   → _____

4) Il lui a offert les roses rouges.
   그는 그녀에게 붉은 장미를 주었다.
   → _____

10. 다음 질문에 답해 보시오.

> **보기**
>
> Avez-vous offert ces fleurs à votre mère? (Oui)
> 이 꽃들을 당신 어머니께 드렸습니까?
>
> → Oui, je les lui ai offertes.
>   네, 나는 어머니께 드렸습니다.

1) A-t-il exposé ces problèmes au professeur? (Oui)
   그는 이 문제들을 선생님께 설명했나요?
   → _____

2) Avez-vous rendu cette revue à Marie? (Non)
   이 잡지를 마리에게 주었습니까?
   → _____

3) Vous a-t-il demandé la nouvelle? (Oui)
   그는 당신께 소식을 물었나요?
   → _____

4) Avez-vous écrit cette lettre à vos parents? (Non)
   이 편지를 당신 부모님께 썼습니까?
   → _____

11. 아래 문장을 응용해 보시오.

보기 A J'ai rencontré votre père il y a une semaine.
나는 1주일 전에 당신 아버지를 만났다.

1) 그는 2년 전에 프랑스에 갔다.
   → _____

2) 뒤발 가족은 오래 전에 이 집을 샀다.
   → _____

3) 그녀는 3시간 전에 집을 나섰다.
   → _____

보기 B Mon père a commencé à lire un journal.
나의 아버지는 신문 읽기를 시작했다.

1) 그들은 이 문제에 관한 토론을 시작했다.
   → _____

2) 어머니는 요리를 시작했다.
   → _____

3) 뽈은 상황을 설명하기 시작했다.
   → _____

해답

1

A. 1) Elle a été aux Etats-Unis l'année dernière avec ses amis.
2) Nous avons été aux Etats-Unis l'année dernière avec nos amis.
3) Ils ont été aux Etats-Unis l'année dernière avec leurs amis.
4) Vous avez été aux Etats-Unis l'année dernière avec vos amis.
5) Tu as été aux Etats-Unis l'année dernière avec tes amis.

B. 1) Nous sommes allés à Paris le mois dernier avec notre oncle.
2) Vous êtes allé à Paris le mois dernier avec votre oncle.
3) Elle est allée à Paris le mois dernier avec son oncle.
4) Tu es allé à Paris le mois dernier avec ton oncle.
5) Ils sont allés à Paris le mois dernier avec leur oncle.
6) Elles sont allées à Paris le mois dernier avec leur oncle.

2

1) Il a acheté une belle voiture américaine.
2) Les Duval ont pris un taxi pour aller à la gare.
3) Elle a voulu visiter la région de Provence.
4) Nous avons fini ce travail.

3

1) Mes parents sont revenus de Paris.
2) Il n'est pas resté longtemps à Paris.
3) Nous sommes partis de Séoul à dix heures du matin.

4

1) Elle a ouvert la porte et les fenêtres.
2) Où sont-ils arrivés?
3) Nous avons suivi ce cours.

4) Avez-vous lu cet article?

5
1) Vous n'êtes pas arrivé à l'heure.
2) Il n'a pas fait ses devoirs.
3) N'avez-vous pas reçu la lettre de Marie?
4) Nous n'avons pas compris votre explication.

6
1) Non, je n'ai pas bien dormi cette nuit.
2) Non, il n'a pas été en France.
3) Si, elles sont restées à la maison.

7
1) Paul a-t-il réussi à ses examens?
2) Vos parents ne sont-ils pas partis ce matin?
3) N'avez-vous pas répondu à ces lettres?
4) A-t-il vu Georges?

8
1) Paul l'a comprise.   2) Je les ai fini(e)s.
3) L'avez-vous vue?   4) Nous ne les avons pas acheté(e)s.

9
1) Je les leur ai montrées.   2) Nous le lui avons dit.
3) Vous me l'avez prêté.   4) Il les lui a offertes.

10
1) Oui, il les lui a exposés.
2) Non, je ne la lui ai pas rendue.
3) Oui, il me l'a demandée.
4) Non, je ne la leur ai pas écrite.

11
A. 1) Il est allé en France il y a deux ans.
   2) Les Duval ont acheté cette maison il y a longtemps.
   3) Elle est sortie de la maison il y a trois heures.
B. 1) Ils ont commencé à discuter sur ce problème.
   2) Ma mère a commencé à faire la cuisine.
   3) Paul a commencé à expliquer la situation.

CHANSON

ÇA N'ARRIVE QU'AUX AUTRES
(타인들에게만 다가오는 것)

노래: 미셸 폴나레프

La petite bêt' jouait au jardin.
Et' j'avais sa tête au creux de ma main.
Un oiseau de plus, un oiseau de moins.
Tu sais la differenc' c'est le chagrin.
Ça n'arrive qu'aux autres mais c'était le nôtre.
Tu sais la differenc' c'est le chagrin

    한 마리의 작은 짐승이 정원에서 놀고 있었고
    난 손바닥에 그것의 머리를 올려 놓았지.
    한 마리의 새 그 이상. 그 이하도 아니네.
    이 차이를 잘 알겠지만 이것은 슬픔이라네.
    타인들에게만 다가오는 것이지만 우리들의 것이기도 했지.
    그대는 이 차이를 알고 있지만 이것은 슬픔이었네.

Il n'y a pas eu écol' ce matin.
C'était une fête d'enfance au jardin.
Un oiseau de plus, un oiseau de moins.
Tu sais la differenc' c'est le chagrin.

    그날 아침엔 수업이 없었고
    정원에선 어린시절의 유희가 있었지.
    한 마리의 새 그이상, 그 이하의 것도 아니네.
    그대도 알다시피 이건 슬픔이라네.

La petite bêt' jouait au jardin.
C'était une fête quand tous les matins.
Un oiseau de plus, un oiseau de moins.
Venait ici manger de notre pain.

    작은 새가 정원에서 노닐고 있었고
    이것은 매일 아침의 즐거움이었지.
    한 마리의 새 그 이상. 그 이하도 아니었네.
    이리로 와 우리의 먹이를 먹곤 했던 것은 한 마리의 새였네.

제 14 과

[요점정리]

1. 대명동사의 복합과거

    (1) se가 직접목적어일 때
    se lever 일어나다 → s'être levé

je me suis	levé(e)	nous nous sommes	levé(e)s
tu t'es	levée)	vous vous êtes	levé(e)(s)
il(elle) s'est	levé	ils(elles)se sont	levé(e)s

    Elles se sont levées.　　　그 여자들은 일어났다.
    Elles se sont lavé les mains.　그 여자들은 손을 씻었다.
    ※ se가 직접목적어일 때만 과거분사는 주어의 성,수에 일치하는데 주의.

    (2) se가 간접목적어일 때
    se laver les mains (손을 씻다) → s'être lavé les mains.

je me suis	lavé les mains	nous nous sommes	lavé les mains
tu t'es	lavé les mains	vous vous êtes	lavé les mains
il(elle) s'est	lavé les mains	ils(elles) se sont	lavé les mains

    - 부정문: ne s'être pas+p.p
      Je ne me suis pas levé. 나는 일어나지 않았다.
    - 의문문: s'être+주어+p.p
      Vous êtes-vous promené hier? 어제 산책했습니까?

2. Y와 EN 대명사

   A. Y 대명사

   1) $\boxed{\text{à + 명사, 부정사, 절}}$

   여기서 명사는 사물에만 한정되며 사람일 경우에는 à lui등으로 된다.
   J'ai répondu à cette lettre. → J'y ai répondu.
   나는 이 편지에 답했다.
   J'ai répondu au professeur. → Je lui ai répondu.
   나는 선생님께 대답했다.

   2) $\boxed{\text{à (en, dans···) + 장소}}$

   Je suis allé à la ville. → J'y suis allé.
   나는 그 도시에 갔다.

   B. EN 대명사

   $\boxed{\text{de + 장소}}$ 를 대치한다.

   Je suis revenu de la ville.
   → J'en suis revenu.
   나는 그도시에서 돌아왔다.

연습문제

1. 밑줄친 부분의 대명사를 바꿔 써 보시오.

> **보기 A**
>
> <u>Elle</u> s'est réveillée de bonne heure.
> 그녀는 일찍 일어났다.

1) Tu _____
2) Je _____
3) Vous _____
4) Nous _____
5) Ils _____

> **보기 B**
>
> <u>Elle</u> s'est brossé les cheveux.
> 그녀는 머리를 빗었다.

1) Je _____
2) Vous _____
3) Il _____
4) Nous _____
5) Elles _____

2. 보기와 같이 복합과거로 써 보시오.

> 보기
>
> Elles se couchent. → Elles se sont couchées.
> 그 여자들은 잠자리에 든다.   그 여자들은 잠자리에 들었다.

1) Nous nous reposons après le travail.
   우리는 일을 끝내고 쉰다.
   → _____

2) La voiture s'arrête devant la maison.
   승용차는 집앞에 선다.
   → _____

3) Les étudiants se servent de ce dictionnaire.
   학생들은 이 사전을 이용한다.
   → _____

3. 다음과 같이 다시 써 보시오.

> 보기
>
> Elles se lavent la figure. → Elles se sont lavé la figure.
> 그 여자들은 얼굴을 씻는다.   그 여자들은 얼굴을 씻었다.

1) Je me casse la jambe.
   나는 다리를 부러 뜨린다.
   → _____

2) Ils se téléphonent tous les soirs.
   그들은 매일 저녁 서로 전화한다.
   → _____

3) Mme Vincent s'arrange les cheveux devant la glace.
   뱅쌍부인은 거울 앞에서 머리를 매만진다.
   → _____

4. 다음을 복합과거로 써 보시오.

   1) Je me rappelle son nom.
      나는 그의 이름을 기억한다.
      → _____

   2) Ils se souviennent de leur jeunesse.
      그들은 자신들의 젊은 시절을 회상한다.
      → _____

   3) Elle se baigne tous les jours.
      그녀는 매일 목욕한다.
      → _____

5. 부정문으로 만들어 보시오.

   > 보기
   > Je me suis réveillé. → Je ne me suis pas réveillé.
   > 나는 잠을 깼다.   나는 잠을 깨지 않았다.

   1) Vous vous êtes dépêché.
      당신은 서둘렀다.
      → _____

   2) Elles se sont écrit des lettres.

그 여자들은 서로 편지했다.
→ _____

3) Nous nous sommes servis de cette voiture.
우리는 이 차를 이용했다.
→ _____

6. 의문문을 만드시오.

> **보기**
> Vous vous êtes levé tôt ce matin.
> 당신은 오늘 아침 일찍 일어났습니다.
> → Vous êtes-vous levé tôt ce matin?
> 오늘 아침 일찍 일어났습니까?

1) Ils se sont mariés.   → _____
   그들은 결혼했다.

2) Hélène s'est trouvée mieux. → _____
   엘렌은 전보다 나아졌다.

3) Vous vous êtes rasé.   → _____
   당신은 면도했다.

7. 질문에 답해보시오.

> **보기**
> Vous êtes-vous brossé les dents? (Oui)
> 이를 닦았나요?
> → Oui, je me suis brossé les dents.
> 네, 닦았습니다.

1) Vous êtes-vous blessé les doigts? (Non)
   손가락을 다치셨나요?
   → _____

2) Paul et Jean se sont-ils levés? (Oui)
   뽈과 쟝은 일어났지요?
   → _____

3) Votre père s'est-il aperçu de cela? (Non)
   당신 아버지는 이것을 알아차리셨습니까?
   → _____

4) T'es-tu déjà habillé? (Oui)
   옷을 이미 입었니?
   → _____

8. y대명사를 이용해 보시오.

> **보기**
> J'ai répondu à la lettre de ma mère.
> → J'y ai répondu.
> 나는 어머니의 편지에 답했다.

1) Nous avons pensé à notre pays.
   우리는 조국을 생각했다.
   → _____

2) Paul a réussi à ses examens.
   뽈은 시험에 성공했다.
   → _____

3) Vous avez consenti à cette proposition.
당신은 이 제안에 동의했다.
→ _____

9. 보기와 같이 다시 써 보시오.

> **보기**
> J'ai répondu à la lettre de ma mère. → J'y ai répondu.
> 나는 어머니의 편지에 답했다.
> J'ai répondu au professeur. → Je lui ai répondu.
> 나는 선생님께 대답했다.

1) Il n'a pas obéi à ces ordres.
나는 이 명령에 복종하지 않았다.
→ _____

2) J'ai parlé à Pierre.
나는 삐에르에게 말했다.
→ _____

3) Elle n'a pas obéi à ses parents.
그녀는 부모님께 복종하지 않았다.
→ _____

4) Nous avons écrit à Paul.
우리는 뽈에게 편지했다.
→ _____

10. 다음과 같이 명령문을 만들어 보시오.

> **보기**
> Le professeur vous parle.(répondre)
> 선생님은 당신께 말한다.
> → Répondez-lui.   그에게 대답하시오.
>
> Il vous pose une question.(répondre)
> 그는 당신께 질문한다.
> → Répondez-y.   그 질문에 대답하시오.

1) Paul va venir ici. (parler de cet accident)
   뽈은 이쪽으로 온다.
   → _____

2) Vous avez beaucoup de devoirs. (penser)
   당신은 숙제가 많다.
   → _____

3) Vos parents sont très fâchés. (obéir)
   당신의 부모님은 몹시 화나셨다.
   → _____

4) Vous devez beaucoup travailler. (songer)
   당신은 열심히 일해야 한다.
   → _____

11. en 대명사를 이용해 보시오.

>
> Je suis allé à la ville. → J'y suis allé.
> 나는 그 도시에 갔다.

1) Elle est restée longtemps en Chine.
   그녀는 중국에 오래 머물렀다.
   → _____

2) Allez-vous souvent au Théâtre des Champs-Elysées?
   샹제리제 극장에 자주 가십니까?
   → _____

3) Il a laissé son livre dans sa chambre.
   그는 책을 자기 방에 놓아 두었다.
   → _____

12. 보기와 같이 다시 써 보시오.

   > **보기**
   > Je suis revenu de la ville. → J'en suis revenu.
   > 나는 그 도시에서 돌아왔다.

1) Il est sorti de son appartement à midi.
   그는 정오에 아파트에서 나왔다.
   → _____

2) Nous sommes venus de Paris la semaine dernière.
   우리는 지난 주에 빠리에서 돌아왔다.
   → _____

3) Ils sont descendus du Mont-Blanc.
   그들은 몽블랑에서 내려왔다.
   → _____

13. 다음 질문에 답해보시오.

   1) Votre fille est-elle déjà rentrée de l'école? (Oui)
      당신의 딸은 학교에서 돌아왔습니까?
      → _____

   2) Etes-vous arrivé à la gare à l'heure? (Oui)
      당신은 역에 제 시간에 도착했습니까?
      → _____

   3) Etes-vous né à Paris? (Non)
      당신은 빠리에서 태어났습니까?
      → _____

해답

1

A. 1) Tu t'es réveillé de bonne heure.
   2) Je me suis réveillée de bonne heure.
   3) Vous vous êtes réveillés de bonne heure.
   4) Nous nous sommes réveillées de bonne heure.
   5) Ils se sont réveillés de bonne heure.

B. 1) Je me suis brossé les cheveux.
   2) Vous vous êtes brossé les cheveux.
   3) Il s'est brossé les cheveux.
   4) Nous nous sommes brossé les cheveux.
   5) Elles se sont brossé les cheveux.

2

1) Nous nous sommes reposés après le travail.
2) La voiture s'est arrêtée devant la maison.
3) Les étudiants se sont servis de ce dictionnaire.

3

1) Je me suis cassé la jambe.
2) Ils se sont téléphoné tous les soirs.
3) Mme Vincent s'est arrangé les cheveux devant la glace.

4

1) Je me suis rappelé son nom.
2) Ils se sont souvenus de leur jeunesse.
3) Elle s'est baignée tous les jours.

5

1) Vous ne vous êtes pas dépêché.
2) Elles ne se sont pas écrit de lettres.
3) Nous ne nous sommes pas servis de cette voiture.

6
1) Se sont-ils mariés?
2) Hélène s'est-elle trouvée mieux?
3) Vous êtes-vous rasé?

7
1) Non, je ne me suis pas blessé les doigts.
2) Oui, ils se sont levés.
3) Non, il ne s'est pas aperçu de cela.
4) Oui, je me suis déjà habillé.

8
1) Nous y avons pensé.
2) Paul y a réussi.
3) Vous y avez consenti.

9
1) Il n'y a pas obéi.
2) Je lui ai parlé.
3) Elle ne leur a pas obéi.
4) Nous lui avons écrit.

10
1) Parlez-lui de cet accident.   2) Pensez-y.
3) Obéissez-leur.   4) Songez-y.

11
1) Elle y est restée longtemps.
2) Y allez-vous souvent?
3) Il y a laissé son livre.

12
1) Il en est sorti à midi.
2) Nous en sommes venus la semaine dernière.
3) Ils en sont descendus.

13
1) Oui, elle en est déjà rentrée.
2) Oui, j'y suis arrivé à l'heure.
3) Non, je n'y suis pas né.

프랑소와 트뤼포 감독의 영화

훔친 초상 (François Truffaut: portraits volés)

- 시나리오: 세르쥬 뚜비아나
- 편 집: 도미니끄 마르탱
- 상영시간: 92분 컬러. 1993년
- 출 연: 화니아르당, 끌리비에 아세야스, 나탈리 바이
- 촬 영: 모리스 렐루스
- 제 작: 끄리살리드 영화사

파나아당: 프랑소와는 강도높은 열정만이 20세기 소설의 특징이 아니라는 걸 보여주고 싶어했다.

올리비에 아씨아: 그의 영화에서는 아무리 얌전해 보이는 인물일지라도 가끔씩 아주 난폭한 행동을 보여줄 때가 있다.

나탈리 바이: 그는 자신의 난폭한 성미를 누그러뜨리고 다스리기 위해 많은 노력을 기울였던 사람이라는 생각이 든다.

자넌 바쟁: 그는 사람들의 환심을 살 만한 모든 것을 갖고 있었다. 일종의 수줍음, 오만함, 거칠음, 매력 등의 혼합체라고나 할까!

제라르 드파르디유: 그의 미소가, 그 친구가 그립다. 우린 함께 많은 즐거운 시간들을 보냈으며 말을 트고 지내는 사이였다. 그는 모든 사람에게 존대를 하고 있었기 때문에 그건 극히 드문 일이었다.

안느 인스돌프: 그는 다음과 같이 말했다. "영화가 성공하지 못한다면 그건 관객 탓이 아니고 바로 연출가의 잘못이다."

마딜렌 모렌스타인: 아마도 그는 여전히 많은 비밀을 갖고 있을 것이다. 나에 대해서도 많은 내일의 계획을 갖고 있었다.

에바 트뤼포: 불량아나 반항아처럼 보이고 싶어하지 않았지만 그의 내부에서 그는 반항하고 있었다.

로라 트뤼포: 그에게 있어 누군가를 걱정하고 훈련시키고 가르치고자 한다면 그건 바로 사랑한다는 증거이다.

프랑소와 트뤼포 감독의 영화
400 번의 구타 (Les quatre cents coups)

- **시나리오:** 프랑소와 트뤼포
- **촬영감독:** 앙리 드께
- **편 집:** 마리 조세프 요요트
- **상영시간:** 93분 흑백, 1959년
- **수 상:** 칸느영화제 감독상, 오스카 노미네이션
- **출 연:** 쟝 피엘 레오, 알베르 레미, 끌레르 모리에
- **음 악:** 꽁스탕탕
- **무대장치:** 베르나르 에벵
- **제 작:** 까로스 영화사

1950년대 말, 14세 소년 앙뜨안느 다니엘은 빠리에서 그의 부모와 함께 살고 있다.

학교 선생님으로부터 체벌받고, 엄격한 어머니로부터 냉대를 받으며 심약한 계부에게도 용기를 얻지 못한 앙뜨안느는 아무 것도 하지 않고 빈둥댄다. 그는 벌로 받은 숙제도 하지 않고 빠리의 길거리를 배회하다가 우연히 한 남자와 놀아나고 있는 어머니를 목격한다. 학교 수업을 빼먹고 그 다음날 학교로 돌아가면서 "모친상"이라는 터무니없는 변명거리를 생각해내지만 거짓말은 금세 들통이 나고 시내로 도망간다. 그의 어머니는 그를 용서해 주는 대신 좋은 점수를 얻어야 한다는 다짐을 받아내지만 그는 다시 학교에서 쫓겨오고 르네라는 친구집으로 도망쳐버린다.

살아갈 돈 마련을 위해 몽 드 피에띠에서 팔 생각으로 계부의 사무실에서 타자기를 훔치다가 현장에서 잡히고 만다. 그의 부모는 그를 비행청소년 감화소에 보내고 그는 그곳으로부터 도망나온다.

제 15 과

[요점정리]

1. 미래

   어미

-rai [re]	-rons [rɔ̃]
-ras [ra]	-rez [re]
-ra [ra]	-ront [rɔ̃]

   ① -er동사: je parlerai   nour parlerons
               tu parleras   vous parlerez
               il parlera   ils parleront

   ② 나머지 동사들도 je finirai, tu finiras처럼 -rai, ras, ra, rons, rez, ront으로 활용한다.

   ③ 불규칙형
       avoir → j'aurai   être → je serai
       aller → j'irai   faire → je ferai
       venir → je viendrai   voir → je verrai

2. **si** ~라면
   Si j'ai le temps, je finirai ce travail.
   시간이 있다면 나는 이 일을 끝낼 것이다.

3. **comme** ~이기 때문에

   Comme mon père est très fâché, il ne m'écoutera pas.
   아버지는 매우 화가 나셨기 때문에 내 말을 듣지 않으실 것이다.

4. **quand** ~ 할 때에는

   Il viendra quand il sera libre.
   그는 시간이 나면 올 것이다.

5. **EN**대명사의 용법 (3)

   ① de + 명사, 부정사, 절
   여기서 명사는 사물에만 한정되며 사람인 경우 de lui처럼 된다.
   J'ai besoin de ce livre. → J'en ai besoin.
   나는 이 책이 필요하다.
   J'ai besoin de Marie. → J'ai besoin d'elle.
   나는 마리가 필요하다.

   ② EN, Y의 위치
   다른 직,간접목적어 인칭대명사 + Y (+EN)
   Je me souviens de mon enfance.
   → Je m'en souviens.
   나는 내 어린시절을 회상한다.

연습문제

1. 다음 문장의 주어를 바꿔 보시오.

> **보기A** Je resterai à la maison dimanche prochain.
> 나는 다음 일요일 집에 있을 것이다.

1) Nous _____
2) Il _____
3) Ils _____
4) Tu _____
5) Vous _____

> **보기B** J'achèterai ce livre pour mon fils.
> 나는 내 아들을 위해 이 책을 살 것이다.

1) Tu _____
2) Il _____
3) Nous _____
4) Vous _____
5) Ils _____
6) Elle _____

보기 C

> Je serai chez les Duval ce soir.
> 나는 오늘 저녁 뒤발씨 댁에 있을 것이다.

1) Il _____
2) Vous _____
3) Nous _____
4) Ils _____
5) Tu _____
6) Elle _____

보기 D

> J'aurai vingt ans l'année prochaine.
> 나는 내년에 20세가 될 것이다.

1) Nous _____
2) Il _____
3) Vous _____
4) Tu _____
5) Ils _____

보기 E

> J'irai faire du ski pendant les vacances d'hiver.
> 나는 겨울방학 동안 스키를 타러 갈 것이다.

1) Vous _____
2) Elle _____
3) Nous _____
4) Ils _____
5) Tu _____

2. 보기와 같이 다시 써 보시오.

> **보기**
> Je vais partir demain. → Je partirai demain.
> 나는 내일 곧 떠날 것이다.   나는 내일 떠날 것이다.

1) Nous allons commencer la leçon.
   우리는 곧 수업을 시작한다.
   → _____

2) Elle va venir me voir.
   그녀는 나를 보러 곧 온다.
   → _____

3) Je vais faire une promenade cet après-midi.
   나는 오늘 오후에 산책 할 것이다.
   → _____

4) Qu'est-ce que vous allez prendre au déjeuner?
   점심에 무엇을 드시겠습니까?
   → _____

5) Ils vont terminer leurs devoirs.
   그들은 곧 과제물을 끝낼 것이다.
   → _____

3. 부정문을 만들어 보시오.

>
> Je pourrai aller vous voir demain.
> 나는 내일 당신을 보러갈 수 있을 것이다.
>
> → Je ne pourrai pas aller vous voir demain.
>   나는 내일 당신을 보러갈 수 없을 것이다.

1) Je vous emmènerai dans les grands magasins.
   나는 당신을 백화점에 데려 가겠다.
   → _____

2) Elle voudra assister à la réunion.
   그녀는 회의에 참석하고 싶어할 것이다.
   → _____

3) Le mariage aura lieu à la fin du mois.
   결혼식은 월말에 열릴 것이다.
   → _____

4. 질문에 답해보시오.

> **보기** Où irez-vous? (샹제리제) → J'irai aux Champs-Elysées.
> 어디에 가실 겁니까?   나는 샹제리제에 갈 것입니다.

1) Où passerez-vous vos vacances? (바닷가에)
   어디서 휴가를 보내실 겁니까?
   → _____

2) A quelle heure rentrerez-vous à la maison? (6시에)
   몇시에 댁에 돌아오실 겁니까?
   → _____

3) Où seront-ils? (도서관에)
   그들은 어디 있을 것인가요?
   → _____

4) Qu'est-ce que vous verrez au musée? (그림들을)
   당신은 박물관에서 무엇을 볼 것인가요?
   → _____

5) Que ferez-vous dimanche prochain? (잠을 자다)
   오는 일요일에 무엇을 하실 것인가요?
   → _____

5. 보기의 문장을 활용해 보시오.

> **보기 A**   Si j'ai le temps, je finirai ce travail.
> 시간이 있으면 이 일을 끝낼 것이다.

1) 비가 오면, 그녀는 외출하지 않을 것이다.
   → _____ (sortir)

2) 원하시면 역까지 같이 가겠습니다.
   → _____ (accompagner)

3) 당신이 내 집에 오면, 나는 매우 기쁠 것입니다.
   → _____ (être heureux)

> **보기 B**   Comme mon père est très fâché, il ne m'écoutera pas.
> 아버지가 몹시 화나셔서, 내 말을 듣지 않으실 것이다.

1) 나는 시간이 없어서, 이 일을 못 끝낼 것이다.
   → _____

2) 눈이 오기 때문에, 그녀는 오지 않을 것이다.
   → _____

3) 그는 열심히 공부하기 때문에, 시험에 성공할 것이다.
   → _____ (travailler beaucoup)

| 보기 | Il viendra quand il sera libre.
시간이 나면 그는 올 것이다. |

1) 날씨가 좋을 때 나는 떠날 것이다.
   → _____ (il fait beau)

2) 시간이 나면 우리는 서로 이야기 할 것이다.
   → _____ (avoir du temps)

3) 그녀는 이 소식을 들으면 기뻐할 것이다.
   → _____ (être heureux)

6. en대명사를 이용해 다시 써 보시오.

| 보기 | J'ai besoin de ce livre. → J'en ai besoin.
나는 이 책을 필요로 한다. |

1) Nous avons peur de cette maladie.
   우리는 이 질병을 두려워 한다.
   → _____

2) Je suis très content de votre sincérité.
   나는 당신의 성실함에 매우 만족해 한다.
   → _____

3) Il a envie de se marier avec Marie.
   그는 마리와 결혼하고 싶어한다.
   → _____

7. 보기와 같이 다시 써 보시오.

> Je me souviens de mon enfance.
> → Je m'en souviens.
> 나는 나의 어린시절을 회상한다.

1) Je vous parlerai de notre travail demain.
   나는 당신에게 우리 일에 대해 내일 말하겠다.
   → _____

2) Il se sert de cette machine à écrire.
   그는 이 타자기를 이용한다.
   → _____

3) Je vous remercie de votre lettre.
   나는 당신의 편지에 감사드린다.
   → _____

8. 보기와 같이 다시 써 보시오.

> J'ai besoin de ce dictionnaire. → J'en ai besoin.
> 나는 이 사전을 필요로 한다.
> J'ai besoin de ma mère. → J'ai besoin d'elle.
> 나는 어머니를 필요로 한다.

1) Elle est très fière de ses enfants.
   그녀는 자기 자식들을 자랑스러워 한다.
   → _____

2) Vos parents sont contents de votre conduite.
   당신의 부모들은 당신의 품행에 만족해 한다.
   → _____

3) Je me suis souvenu de mon ancienne amie.
   나는 옛 여자친구를 회상한다.
   → _____

4) Il est très fâché de leur impolitesse.
   그는 그들의 무례함에 몹시 화가났다.
   → _____

9. en과 y를 이용해 보시오.

> **보기**
>
> Avez-vous parlé de cette réunion?
> → En avez-vous parlé?
> 당신은 이 모임에 관해 말했습니까?
>
> Il n'a pas obéi à ces ordres. → Il n'y a pas obéi.
> 그는 이 명령에 복종하지 않았다.

1) Avez-vous pensé aux résultats des examens?
   시험 결과를 생각했습니까?
   → _____

2) Je ne doute pas de sa persévérance.
   나는 그의 인내심을 의심하지 않는다.
   → _____

3) N'a-t-il pas encore répondu à cette lettre?
   그는 아직 이 편지에 답하지 않았습니까?
   → _____

4) Avez-vous envie d'aller au cinéma?
영화 보러가고 싶으십니까?
→ _____

10. 질문에 답해 보시오.

> **보기**
>
> Parlent-ils de leur avenir? (Oui)
> 그들은 그들의 미래에 관해 말합니까?
> → Oui, ils en parlent.
> 네, 그들은 그것에 대해 말합니다.

1) Avez-vous besoin de mon aide? (Oui)
나의 도움이 필요하십니까?
→ _____

2) Vous souvenez-vous de votre enfance? (Non)
당신의 어린시절을 기억하십니까?
→ _____

3) Etes-vous contents de vos progrès en français? (Oui)
당신들은 프랑스어 실력이 느는데 만족해 하십니까?
→ _____

1

A. 1) Nous resterons à la maison dimanche prochain.
2) Il restera à la maison dimanche prochain.
3) Ils resteront à la maison dimanche prochain.
4) Tu resteras à la maison dimanche prochain.
5) Vous resterez à la maison dimanche prochain.

B. 1) Tu achèteras ce livre pour ton fils.
2) Il achètera ce livre pour son fils.
3) Nous achèterons ce livre pour notre fils.
4) Vous achèterez ce livre pour votre fils.
5) Ils achèteront ce livre pour leur fils.
6) Elle achètera ce livre pour son fils.

C. 1) Il sera chez les Duval ce soir.
2) Vous serez chez les Duval ce soir.
3) Nous serons chez les Duval ce soir.
4) Ils seront chez les Duval ce soir.
5) Tu seras chez les Duval ce soir.
6) Elle sera chez les Duval ce soir.

D. 1) Nous aurons vingt ans l'année prochaine.
2) Il aura vingt ans l'année prochaine.
3) Vous aurez vingt ans l'année prochaine.
4) Tu auras vingt ans l'année prochaine.
5) Ils auront vingt ans l'année prochaine.

E. 1) Vous irez faire du ski pendant les vacances d'hiver.
2) Elle ira faire du ski pendant les vacances d'hiver.

3) Nous irons faire du ski pendant les vacances d'hiver.
4) Ils iront faire du ski pendant les vacances d'hiver.
5) Tu iras faire du ski pendant les vacances d'hiver.

2
1) Nous commencerons la leçon.
2) Elle viendra me voir.
3) Je ferai une promenade cet après-midi.
4) Qu'est-ce que vous prendrez au déjeuner?
5) Ils termineront leurs devoirs.

3
1) Je ne vous emmènerai pas dans les grands magasins.
2) Elle ne voudra pas assister à la réunion.
3) Le mariage n'aura pas lieu à la fin du mois.

4
1) Je passerai mes vacances au bord de la mer.
2) Je rentrerai à six heures.
3) Ils seront à la bibliothèque.
4) Je verrai beaucoup de tableaux au musée.
5) Je dormirai toute la journée.

5
A. 1) S'il pleut, elle ne sortira pas.
2) Si vous voulez, je vous accompagnerai jusqu'à la gare.
3) Si vous venez chez moi, je serai très heureux.

B. 1) Comme je n'ai pas de temps, je ne pourrai pas finir ce travail.
2) Comme il neige, elle ne viendra pas.
3) Comme il travaille beaucoup, il réussira à ses examens.

C. 1) Je partirai quand il fera beau.
2) Nous nous parlerons quand nous aurons du temps.
3) Elle sera heureuse quand elle apprendra cette nouvelle.

6
1) Nous en avons peur.
2) J'en suis très content.
3) Il en a envie.

7
1) Je vous en parlerai demain.
2) Il s'en sert.
3) Je vous en remercie.

8
1) Elle est très fière d'eux.
2) Vos parents en sont contents.
3) Je me suis souvenu d'elle
4) Il en est très fâché.

9
1) Y avez-vous pensé?
2) Je n'en doute pas.
3) N'y a-t-il pas encore répondu?
4) En avez-vous envie?

10
1) Oui, j'en ai besoin.
2) Non, je ne m'en souviens pas.
3) Oui, nous en sommes contents.

미라보 다리

미라보 다리는 의외로 찾기가 만만치 않다. 그 명성에 비해 관광안내서 어디에도 잘 표시되어있지 않다. 지하철 지도를 한참 들여다봐야 파리의 남서쪽 끝부분에서 미라보역을 발견할 수 있다. 그러나 10번 지하철을 타고 에밀졸라역이나 자베르역에서 내려 걸으면 뜻밖의 즐거움을 맛볼 수 있다. 에밀졸라 거리가 펼쳐지기 때문이다.

졸라 거리는 이렇다할 특징 없이 평범하다. 그렇다고 졸라의 행적이 이 거리와 특별한 관련이 있는 것도 아니다. 그의 이름이 붙어있는 이 거리를 걸어가며 아폴리네르와 동시대를 살고 간 그를 추억해 본다.

졸라는 소설가라기 보다 한 시대의 증인으로서의 성격이 뚜렷하다. 과학적 자료조사에 토대를 두고 부르조아, 노동자, 농민 등 모든 사회적 인간계층의 삶의 조건을 밝혀보려 했다. 그 저변에는 어릴적 아버지를 잃고 한해에도 몇번씩 이사를 다녀야 했던 쓰라린 경험이 깔려있을 것이다. 자연주의 문학의 기념비적 작품인 「루공 마카르」시리즈 중 7번째 소설인 「목로주점」이 성공해 졸라는 명성과 돈을 얻게 되고 빠리 근교 뫼동에 집을 마련했으나 그곳에만 머물수는 없었다.

졸라를 시대의 증인 이상의 투사로 빛나게 한 것은 드레퓌스 사건이다. 프랑스는 물론 전세계를 들끓게 한 그 소용돌이 속에서 그는 창작의 열정을 능가하는 행동의 이유를 찾았다. 그는 1898년 1월 31일자 「여명」지에 대통령에게 보내는 공개서한 「나는 고발한다」를 발표하여 모든이의 양심을 부추긴바 있다.

자신이 살던 시대를 알기 위해 자신을 투신한 것은 기욤 아폴리네르도 마찬가지 일 것이다. 그러나 그는 술과 도박에 탐닉하고 시와 사랑에 열중했다는 점에서 졸라와 달랐다. (졸라 거리가 끝나면 자베르역이 나타난다. 그곳은 미라보 다리의 남단에 해당되고, 다리를 건너면 미라보 역이 있다.)

미라보 다리는 햇빛이 닿으면 황금색으로 빛난다. 아름답다고 할 수는 없는 길이 190m의 단순한 철제교인데, 세느강의 40여개 다리 가운데서도 특별한 의미를 갖는 것은 오직 아폴리네르의 시 때문이다. 미라보 다리 아래 세느강은 흐르고/우리의 사랑도 흘러간다. 이것은 그의 연인 마리 로랑생과의 이별의 아픔을 표현한 것이다.

아폴리네르는 로마에서 사생아로 태어나 거의 평생 국적이 없었다. 어머니 안젤리카의 손에 끌려 이곳저곳을 전전하다가 빠리에 오기 직전 졸라를 읽으면서 문학 청년이 됐다. 1907년은 그에게 중요한 해다. 두 번의 실연 끝에 피카소의 소개로 마리 로랑생을 만났다. 첫눈에 그는 『더 이상 사랑할 수 없다』고 할 정도로 반해버렸다. 하지만 운명은 기구하여, 1911년에는 루브르에 소장된 「모나리자」도난사건에서 범인으로 몰려 일주일간 투옥되기도 하다가 끝내 다음해 로랑생과 헤어졌다. 그는 아픔을 안고, 1차세계대전에 참전하여 육체적 고통까지 맞는다. 150mm포탄의 파편은 철모를 뚫고 그의 관자놀이에 박혔다. 그 무공으로 1918년 독감으로 사망하기 2년 전 프랑스 국적을 얻는다.

그의 생애를 떠올리며 미라보를 다시보기 위해 강변을 따라 에펠탑이 보이는 그르넬 다리 쪽으로 걸어가면 그르넬교 아래에 자유의 여신상이 서있고, 그 너머로 미라보 다리가 가로질러 있다.

제 16 과

[요점정리]

1. 관계대명사

    ① qui : 주격. 선행사가 사람이나 사물일 때.
    Je connais le garçon qui parle avec votre frère. (사람)
    나는 당신 형제와 이야기하고 있는 소년을 안다.
    Apportez-moi le livre qui est sur la table. (사물)
    탁자 위에 있는 책을 내게 갖다 주시오.

    ② que : 목적격. 선행사가 사람이나 사물일 때 직접목적어 역할을 한다.
    Voici la dame que j'ai vue hier. (사람)
    어제 내가 본 부인이 여기 있다.
    Voici les lettres que j'ai écrites. (사물)
    내가 쓴 편지가 여기 있다.

    ③ 전치사 + qui : 직접목적격. 선행사가 사람일때만.
    Où est Marie à qui vous avez parlé tout à l'heure?
    조금 전에 당신과 이야기한 마리는 어디 있나요?

2. 접속사 que
    Je crois qu'il viendra demain.
    나는 그가 내일 오리라고 생각한다.

3. 중성대명사 LE

   ① être 뒤에 오는 속사인 명사, 형용사를 대치한다.
      Elles sont pauvres → Elles le sont.
                          그 여자들은 가난하다.

   ② 앞에 나온 부정사, 절을 대치한다.
      Pouvez-vous sortir?   외출할 수 있습니까?
      Oui, je le peux.   네, 가능합니다.

연습문제

1. 관계대명사를 이용해 다시 써 보시오.

Apportez-moi le livre. Il est sur la table.
→ Apportez-moi le livre qui est sur la table.
탁자 위에 있는 책을 내게 갖다 주시오.

1) Connaissez-vous ce Monsieur? Il est assis en face de Georges.
   이 분을 아십니까? 그는 죠르쥬 앞에 앉아있습니다.
   → _____

2) Fermez la fenêtre. Elle donne sur la rue.
   창문을 닫아주시오. 창문은 길쪽으로 나 있다.
   → _____

3) Elle aime parler de son fils. Il est maintenant en Suisse.
   그녀는 자기 아들에 대해 말하기를 좋아한다. 그는 지금 스위스에 있다.
   → _____

4) Voilà les arbres. Ils produisent des fruits délicieux.
   저기 나무들이 있다. 그 나무들은 맛있는 과일들을 생산한다.
   → _____

2. 보기와 같이 만들어 보시오.

> **보기**
> Voici le fauteuil. Mon père préfère ce fauteuil.
> → Voici le fauteuil. Mon père le préfère.
> → Voici le fauteuil que mon père préfère.
>   나의 아버지가 좋아하시는 의자가 여기 있다.

1) Je voudrais voir Marie. Ma mère trouve Marie très sympathique.
   나는 마리를 보고 싶어한다. 어머니는 마리가 착하다고 생각한다.
   → _____
   → _____

2) Voici une robe élégante. Elle portera cette robe au bal de ce soir.
   여기 우아한 드레스가 있다. 그녀는 오늘 저녁 댄스파티에 이 드레스를 입고 갈 것이다.

→ _____
   → _____

3) Voulez-vous voir cette chambre? Mes parents occupent cette chambre.
   이 방을 보고 싶으세요? 부모님이 이 방을 쓰고 계십니다.
   → _____
   → _____

3. 보기와 같이 다시 써 보시오.

보기
Voici les lettres. J'ai écrit ces lettres à mes amis.
→ Voici les lettres. Je les ai écrites à mes amis.
→ Voici les lettres que j'ai écrites à mes amis.
여기 내가 친구들에게 쓴 편지가 있다.

1) Paul va chercher ses livres. Il a oublié ses livres dans sa voiture.
   뽈은 자기 책을 찾으러 간다. 그는 차 안에 책들을 놓고 내렸다.
   → _____
   → _____

2) Je connais sa sœur. J'ai rencontré sa sœur à Paris il y a deux ans.
   나는 그의 누이를 안다. 나는 2년 전에 그녀를 빠리에서 만났다.
   → _____
   → _____

3) Mes amies viendront vers six heures. J'ai invité mes amies

à dîner.

내 친구들은 6시경에 올 것이다. 나는 친구들을 저녁식사에 초대했다.

→ _____

→ _____

4) Les papiers sont là. Il a déchiré ces papiers.

종이가 있다. 그는 이 종이를 찢었다.

→ _____

→ _____

4. 관계대명사를 이용해 보시오.

> **보기**
>
> Où est Marie? Vous avez parlé à Marie tout à l'heure.
> → Où est Marie? Vous lui avez parlé tout à l'heure.
> → Où est Marie à qui vous avez parlé tout à l'heure?
> 당신이 조금 전에 이야기를 나눈 마리는 어디 있습니까?

1) Je vois là un garçon. Nous avons demandé à ce garçon le chemin de la gare.

나는 저기서 한 소년을 본다. 우리는 이 소년에게 역까지 가는 길을 물어 보았다.

→ _____

→ _____

2) Qui est cette jeune fille? Vous êtes allé au cinéma avec cette jeune fille.

이 아가씨는 누구죠? 당신은 이 아가씨와 같이 영화보러 갔습니다.

→ _____

→ _____

3) Pierre doit venir ce soir. J'ai écrit une lettre à Pierre.
삐에르는 오늘 저녁 올 것이다. 나는 삐에르에게 편지를 썼다.
→ _____
→ _____

5. 다음과 같이 문장을 연결시키시오.

> **보기**
>
> Ils cherchent ma sœur. Elle est allée nager avec ses amies. → Ils cherchent ma sœur qui est allée nager avec ses amies. → Ma sœur qu'ils cherchent est allée nager avec ses amies.
> 그들이 찾고 있는 나의 누이는 자기 친구들과 수영하러 갔다.

1) J'aime ces jolis tableaux. Ils plaisent aussi à Pierre.
나는 이 예쁜 그림들을 좋아한다. 삐에르도 그것들을 좋아한다.
→ _____
→ _____

2) Elle a acheté ce chapeau neuf. Il est devant le miroir.
그녀는 새 모자를 샀다. 그 모자는 거울 앞에 있다.
→ _____
→ _____

3) Elle vient de se marier avec Pierre. Il est ingénieur.
그녀는 얼마전에 삐에르와 결혼했다. 그는 엔지니어이다.
→ _____
→ _____

6. 다음을 프랑스어로 써 보시오.

>
> Je crois qu'il viendra demain.
> 나는 그가 내일 올 것으로 생각한다.

1) 나는 그녀가 나을 것으로 생각한다. (aller mieux)
   → _____

2) 그들은 이 책이 성공할 것이라고 말한다. (avoir un grand succès)
   → _____

3) 나는 내일 비가 올 것으로 생각한다.
   → _____

4) 나는 이 소설이 당신의 관심을 끈다고 생각한다. (Je vois que)
   → _____

7. 대명사 le를 이용해 보시오.

>
> Ils sont pauvres. → Ils le sont.
> 그들은 가난하다.

1) Vous pouvez fumer ici. → _____
   여기서 담배를 피워도 됩니다.

2) Elle est étudiante. → _____
   그녀는 학생이다.

3) Je sais qu'il est revenu de Paris.
   나는 그가 빠리에서 돌아왔다는 것을 안다.
   → _____

8. 보기와 같이 대명사를 이용해 답하시오.

| Etes-vous Coréenne? (Oui) → Oui, je le suis.
한국인(여)이십니까?　　　　　　네, 그렇습니다.

1) Pouvez-vous sortir avec moi? (Oui)
   나와 같이 외출할 수 있습니까?
   → _____

2) Etes-vous amie de Mlle Legrand? (Non)
   당신은 르그랑양의 친구입니까?
   → _____

3) Croyez-vous qu'il pleuvra bientôt? (Non)
   곧 비가 올 것으로 생각하십니까?
   → _____

4) Faut-il partir? (Oui)
   떠나야 합니까?
   → _____

9. 보기와 같이 다시 써 보시오.

Je peux sortir. Et vous? (Moi aussi, ...)
→ Moi aussi, je le peux.
　　나도 외출할 수 있습니다.

Je suis prête. Et vous? (Mais moi, ...)
→ Mais moi, je ne le suis pas encore.
　　하지만 나는 아직 준비되지 않았습니다.

1) Nous sommes étudiants. Et vous? (Nous aussi,...)
   우리는 학생입니다. 당신은?
   → _____

2) Marie est très studieuse. Et Pierre? (Mais lui, ...)
   마리는 매우 근면하다. 삐에르는?
   → _____

3) Il pourra venir demain. Et vous? (Moi aussi,...)
   그는 내일 올 수 있을 것이다. 당신은?
   → _____

4) Je sais que Paul n'est plus à Paris. Et ses amis? (Eux aussi,...)
   나는 뽈이 더 이상 빠리에 있지 않다는 것을 안다. 그의 친구들은?
   → _____

해답

1
1) Connaissez-vous ce Monsieur qui est assis en face de Georges?
2) Fermez la fenêtre qui donne sur la rue.
3) Elle aime parler de son fils qui est maintenant en Suisse.
4) Voilà les arbres qui produisent des fruits délicieux.

2
1) Je voudrais voir Marie. Ma mère la trouve très sympathique.
   Je voudrais voir Marie que ma mère trouve très sympathique.
2) Voici une robe élégante. Elle la portera au bal de ce soir.
   Voici une robe élégante qu'elle portera au bal de ce soir.
3) Voulez-vous voir cette chambre? Mes parents l'occupent.
   Voulez-vous voir cette chambre que mes parents occupent?

3
1) Paul va chercher ses livres. Il les a oubliés dans sa voiture.
   Paul va chercher ses livres qu'il a oubliés dans sa voiture.
2) Je connais sa sœur. Je l'ai rencontrée à Paris il y a deux ans.
   Je connais sa sœur que j'ai rencontrée à Paris il y a deux ans.
3) Mes amies viendront vers six heures. Je les ai invitées à dîner.
   Mes amies que j'ai invitées à dîner viendront vers six heures.
4) Les papiers sont là. Il les a déchirés.
   Les papiers qu'il a déchirés sont là.

4
1) Je vois là un garçon. Nous lui avons demandé le chemin de la gare.

Je vois là un garçon à qui nous avons demandé le chemin de la gare.
2) Qui est cette jeune fille? Vous êtes allé au cinéma avec elle.
Qui est cette jeune fille avec qui vous êtes allé au cinéma?
3) Pierre doit venir ce soir. Je lui ai écrit une lettre.
Pierre à qui j'ai écrit une lettre doit venir ce soir.

5
1) J'aime ces jolis tableaux qui plaisent aussi à Pierre.
Ces jolis tableaux que j'aime plaisent aussi à Pierre.
2) Elle a acheté ce chapeau neuf qui est devant le miroir.
Ce chapeau neuf qu'elle a acheté est devant le miroir.
3) Elle vient de se marier avec Pierre qui est ingénieur.
Pierre avec qui elle vient de se marier est ingénieur.

6
1) Je crois qu'elle ira mieux.
2) Ils disent que ce livre aura un grand succès.
3) Je crois qu'il pleuvra demain.
4) Je vois que ce roman vous intéresse.

7
1) Vous le pouvez.
2) Elle l'est.
3) Je le sais.

8
1) Oui, je le peux.
2) Non, je ne le suis pas.
3) Non, je ne le crois pas.
4) Oui, il le faut.

9
1) Nous aussi, nous le sommes.
2) Mais lui, il ne l'est pas.
3) Moi aussi, je le pourrai.
4) Eux aussi, ils le savent.

빠리의 미술관

빠리에서 미술관에 간다면 어디부터 들러야할까. 크기와 명성의 순서대로라면 루브르, 오르세, 퐁피두센터가 될 것이다. 고대부터 18세기까지의 미술을 고루 보자면 세계의 중앙미술관으로 자처하는 루브르의 유리 피라미드 앞에 줄을 서야 한다. 우리가 교과서에서 익힌 19세기의 걸작들은 기차역을 개조한 오르세 미술관에서 만날 수 있다. 그리고 그 이후 다양한 상상력의 현대미술은 건물의 골조가 밖으로 나온 듯이 서있는 퐁피두센터에 몰려있다.

그러나 보석은 다른 곳에도 있다. 인상파 화가들 중심의 주옥과 같은 그림에 흠뻑 빠져볼 수 있는 곳은 콩코드광장옆의 오랑주리 미술관이다.

아담한 석조건물 안으로 들어서면 바로 위층으로 오른다. 입구 화랑에는 수틴의 매력적인 소품이 22점 걸려있다. 첫 번째 방으로 들어서면서 세잔, 고갱, 르누아르 등을 거치고 조금 더 안쪽으로 가면 로랑생의 그림 5점이 기다리고 있다. 빛바랜 석양의 희미한 그림자에 엉켜있는 숱한 사람의 모습들이다.

그녀의 어머니 멜라니-폴린은 20세에 빠리로 와서 가정부가 되었다. 어린 마리에게 독서를 통해 인생을 가르치며 교사가 되기를 원했으나 그녀는 버스속에서 창밖을 내다보며 그림을 그리기로 결심했다. 전세계의 젊은 예술가들이 몰려든 20세기 초반 빠리의 분위기는 그녀가 희망을 이루는데 기여했다. "나를 열광시키는 것은 오직 그림밖에 없으며, 따라서 그림만이 영원토록 나를 괴롭히는 진정한 가치이다"라고 그녀가 말했다.

오랑주리에서 놓칠 수 없는 것은 지하에 마련된 모네의 전시실이다. 두 개의 방 타원형 벽을 가득 메우고 있는 수련을 볼 수도 있다.

빠리에서는 10장 묶음표를 사서 지하철을 타고 다니는 것이 최고의 방법이다. 지하철 지도에 갈 곳을 미리 찾아 표시를 해두면 편하다. 박물관카드를 구입하면 베르사이유 궁전을 포함한 빠리 시내외의 70군데의 미술관, 박물관 관광지 등을 관람할 수 있다. 1일권, 3일권과 5일권이 있다. 카드를 구입할 때 주는 안내서는 5개국어로 발행되는데 이것은 유용한 가이드 북이 될 것이다.

제 17 과

[요점정리]

1. 반과거

   1) 형태

   현재형 nous의 어미 - ons를 떼고 다음을 대치한다.

-ais	-ions	[jɔ̃]
-ais	-iez	[je]
-ait	-aient	[ɛ]

   그러나 être는   j'étais   nous étions
                   tu étais   vous étiez
                   il était   ils étaient

   2) 용법

   ① 과거의 상태, 지속되는 동작을 나타낸다.

   Quand je suis arrivé à Paris (동작), il pleuvait (상태).
   내가 빠리에 도착했을 때, 비가 오고 있었다.
   Quand je suis entré dans sa chambre (동작), il travaillait(지속되는 동작).
   내가 그의 방에 들어갔을 때, 그는 일하고 있었다.

   ② 과거의 습관

   Elle allait à l'église tous les dimanches.
   그녀는 일요일 마다 교회에 다녔다.

   ③ 시제의 일치에서 과거에 있어서의 현재: 주절 동사가 과거일 때 종속절 동사의 현재시제는 반과거로 한다.

   Il me dit qu'il est fatigué.

그는 내게 자기가 피곤하다고 말한다.
→ Il m'a dit qu'il était fatigué.
그는 내게 자기가 피곤하다고 말했다.

2. 의문대명사: 그중 어느것이?

남성단수	lequel	여성단수	laquelle
남성복수	lesquels	여성복수	lesquelles

Voici deux livres. Lequel préférez-vous?
여기 책이 두권있습니다. 그중 어느것을 더 좋아하십니까?
Lequel de ces livres préférez-vous?
이 책들중 어느것을 더 좋아하십니까?

3. 지시대명사

남성단수	celui	여성단수	celle
남성복수	ceux	여성복수	celles

지시대명사는 일반적으로 「정관사+명사」를 대치한다.
Je préfère la robe de Marie.
→ Je préfère celle de Marie.
나는 마리의 드레스를 더 좋아한다.

4. EN대명사 : 「명사 + 소유의 de + 명사 」를 대치한다.
J'ai la valise, mais je n'en ai pas la clé.
(en = de la valise)
나는 여행가방이 있지만 그 가방의 열쇠는 없다.

연습문제

1. 다음의 주어를 바꿔써 보시오.

> Je lisais, quand j'ai entendu un grand bruit.
> 내가 큰 소음을 들었을 때 나는 독서하고 있었다.

1) Il _____
2) Vous _____
3) Nous _____
4) Elles _____

> Quand j'étais à la campagne, il faisait beau presque tous les jours.
> 내가 시골에 있을 때, 거의 매일 날씨가 좋았다.

1) Quand elle _____
2) Quand nous _____
3) Quand vous _____
4) Quand ils _____

2. 다음을 반과거로 써보시오.

> Il y a là beaucoup de monde.
> 거의 많은 사람들이 있다.
>
> → Il y avait là beaucoup de monde.
> 거기에 많은 사람들이 있었다.

1) Je veux savoir la vérité.
   나는 진실을 알고 싶다.
   → _____

2) Ils mènent une vie calme et tranquille.
   그는 조용하고 차분한 생활을 하고 있다.
   → _____

3) Tous les jours il écrit quelques pages.
   매일 그는 몇 페이지를 쓴다.
   → _____

4) Quand nous sommes à Paris, nous allons tous les jours à la bibliothèque.
   우리는 빠리에 있을 때, 매일 도서관에 간다.
   → _____

3. 보기와 같이 다시 써 보시오.

> Marie aime Paul maintenant. Mais à ce moment-là...
> → A ce moment-là Marie n'aimait pas Paul.
> 그때 마리는 뽈을 사랑하지 않았다.

1) Vous êtes riche maintenant. Mais à ce moment-là...
   당신은 지금 부유하다. 하지만 그때는 ...
   → _____

2) Je connais cette histoire maintenant. Mais à ce mement-là...
   나는 지금 이 이야기를 알고 있다. 그러나 그때는 ...
   → _____

3) Il faut en parler maintenant. Mais à ce moment-là...
   지금은 그것에 관해 말해야 한다. 그러나 그때는 ...
   → _____

4. 다음과 같이 과거로 만들어 보시오.

> **보기**
>
> Il me dit qu'il est fatigué.
> 그는 내게 피곤하다고 말한다.
>
> → Il m'a dit qu'il était fatigué.
>   그는 내게 피곤하다고 말했다.

1) Il me dit qu'il va au cinéma.
   그는 내게 영화관에 간다고 말한다.
   → _____

2) Elle me dit qu'elle apprend le français.
   그녀는 프랑스어를 배우고 있다고 내게 말한다.
   → _____

3) Il me dit qu'il sait conduire.
   그는 운전할 줄 안다고 내게 말한다.
   → _____

5. 다음 질문에 답해보시오.

> Que faisiez-vous quand je suis rentré?
> 내가 돌아왔을 때 무엇을 하고 있었나요?
>
> → Je lisais un journal quand vous êtes rentré.
>   나는 당신이 돌아올 때 신문을 읽고 있었다.

1) Que faisiez-vous quand je vous ai appelé?
   내가 당신을 불렀을 때 무엇을 하고 있었나요?
   → _____

2) Que faisiez-vous quand le téléphone a sonné?
   전화벨이 울렸을 때 무엇을 하고 있었나요?
   → _____

3) Que faisiez-vous quand votre père est entré dans le salon?
   당신 아버지가 거실에 들어오실 때 당신은 무엇을 하고 있었습니까?
   → _____

6. 다음을 프랑스어로 써 보시오.

> 내가 돌아왔을 때 당신은 어디 있었습니까?
> → Où étiez-vous quand je suis revenu?

1) 죠르쥬가 당신께 전화했을 때 당신은 어디 있었습니까?
   → _____

2) 우리가 도착했을 때 당신은 누구를 찾고 있었습니까?
→ _____

보기 B

우리는 휴가중일 때, 6시에 일어나곤 했다.
→ Quand nous étions en vacances, nous nous levions à six heures.

1) 그들은 어릴 때 이 노인(ce vieillard)을 놀리곤 했다.
→ _____

2) 그는 피곤할 때 그녀 곁에서 쉬곤했다.
→ _____

보기 C

그는 지쳤다고 내게 말했다.
→ Il m'a dit qu'il était fatigué.

1) 그녀는 자기 아버지가 아프다고 내게 말했다.
→ _____

2) 그는 자기 부모님이 집에 안 계신다고 내게 말했다.
→ _____

7. 보기와 같이 다시 써 보시오.

보기

Voici deux dictionnaires. → Lequel préférez-vous?
→ Lequel de ces deux dictionnaires préférez-vous?
이 두 사전 중에서 어느 사전을 더 좋아하십니까?

1) Voici deux voitures.
   여기 두 대의 승용차가 있다.
   → _____

2) Voici des souliers.
   여기 구두들이 있다.
   → _____

3) Voici deux chapeaux.
   여기 두 개의 모자가 있다.
   → _____

8. 지시대명사를 이용해 보시오.

> **보기**
> Lequel de ces chandails voulez-vous?
> → Celui-ci ou celui-là?
> 이 스웨터들 중에서 이것을 원하십니까? 저것을 원하십니까?

1) Laquelle de ces dames est votre tante?
   이 부인들 중에서 누가 당신의 숙모님이십니까?
   → _____

2) Lesquels de ces gâteaux voulez-vous?
   이 케이크들 중 어느것들을 원하십니까?
   → _____

3) Lequel de ces garçons est Georges?
   이 소년들 중 누가 죠르쥬입니까?
   → _____

4) Lesquelles de ces fleurs voulez-vous?
   이 꽃들 중에서 어느것들을 원하십니까?
   → _____

9. 보기와 같이 프랑스어로 써 보시오.

이 드레스들 중에서 어느것이 제일 예쁜가요?
→ Laquelle de ces robes est la plus belle?

마리의 것이 제일 예쁩니다.
→ Celle de Marie.

1) 이 사전들 중에서 어느 사전이 제일 편리합니까? — 죠르쥬의 것입니다.
   → _____

2) 이 구두들 중에 어느것들이 제일 작은가요? — 당신 누이의 것입니다.
   → _____

10. EN대명사를 이용해 다시 써 보시오.

Voici ma chambre, mais je ne trouve pas la clé de ma chambre.
→ Voici ma chambre, mais je n'en trouve pas la clé.
   여기 내 방이 있는데 나는 그 방의 열쇠를 찾지 못하고 있다.

1) Voici votre livre, mais je n'ai lu que la moitié de ce livre.
   여기 당신 책이 있지만 나는 그 절반 밖에 읽지 못했다.

→

2) Il y avait là un vieux château, et nous avons vu de loin les tours de ce château.
거기 낡은 성이 있는데 우리는 멀리서 이 성의 탑들을 보았다.
→ _____

3) Il veut aller en France, mais il ne voit pas la possibilité d'aller en France.
그는 프랑스에 가기를 원하지만 그럴 가능성을 보지 못하고 있다.
→ _____

해답

1

A. 1) Il lisait, quand il a entendu un grand bruit.
   2) Vous lisiez, quand vous avez entendu un grand bruit.
   3) Nous lisions, quand nous avons entendu un grand bruit.
   4) Elles lisaient, quand elles ont entendu un grand bruit.

B. 1) Quand elle était à la campagne, il faisait beau presque tous les jours.
   2) Quand nous étions à la campagne, il faisait beau presque tous les jours.
   3) Quand vous étiez à la campagne, il faisait beau presque tous les jours.
   4) Quand ils étaient à la campagne, il faisait beau presque tous les jours.

2

1) Je voulais savoir la vérité.
2) Ils menaient une vie calme et tranquille.
3) Tous les jours il écrivait quelques pages.
4) Quand nous étions à Paris, nous allions tous les jours à la bibliothèque.

3

1) Mais à ce moment-là, vous n'étiez pas riche.
2) Mais à ce moment-là, je ne connaissais pas cette histoire.
3) Mais à ce moment-là, il ne fallait pas en parler.

4

1) Il m'a dit qu'il allait au cinéma.
2) Elle m'a dit qu'elle apprenait le français.
3) Il m'a dit qu'il savait conduire.

5
1) Je bavardais avec mes amis quand vous m'avez appelé.
2) J'écrivais des lettres quand le téléphone a sonné.
3) Je regardais la télévision quand mon père est entré dans le salon.

6
A. 1) Où étiez-vous quand Georges vous a téléphoné?
2) Qui cherchiez-vous quand nous sommes arrivés?
B 1) Quand ils étaient petits, ils se moquaient de ce vieillard.
2) Quand il était fatigué, il se reposait auprès d'elle.
C. 1) Elle m'a dit que son père était malade.
2) Il m'a dit que ses parents n'étaient pas à la maison.

7
1) Laquelle préférez-vous?
Laquelle de ces deux voitures préférez-vous?
2) Lesquels préférez-vous?
Lesquels de ces souliers préférez-vous?
3) Lequel préférez-vous?
Lequel de ces deux chapeaux préférez-vous?

8
1) Celle-ci ou celle-là? 2) Ceux-ci ou ceux-là?
3) Celui-ci ou celui-là? 4) Celles-ci ou celles-là?

9
1) Lequel de ces dictionnaires est le plus commode?
— Celui de Georges.
2) Lesquels de ces souliers sont les plus petits?
— Ceux de votre sœur.

10
1) Voici votre livre, mais je n'en ai lu que la moitié.
2) Il y avait là un vieux château, et nous en avons vu de loin les tours.
3) Il veut aller en France, mais il n'en voit pas la possibilité.

프랑스 중부지방의 과학기술

빠리지역과 론알프지역 사이에 위치한 부르고뉴 지방은 인구밀도가 km²당 51명으로 프랑스의 해외영토를 제외한 22개 지역에서 14번째로 인구가 많은 지역이다.

지리적으로 빠리지역과 론강 골짜기 사이에 위치해 있어서 옛날부터 북쪽과 남쪽의 길목으로 로마나 스페인을 찾는 수많은 순례자들이 지나다니던 곳이고 북부 프랑스에서 지중해지역으로 무역을 하던 상인들의 통로 역할을 했다. 역사적으로 부르고뉴 왕국은 발틱반도 출신의 정복자들에 의해 성립되었고 부르고뉴 공작시대에 그 전성기를 이루어 그 영토가 마꽁에서 현재의 네델란드 암스테르담에 이르렀고 루이 11세 때 프랑스 영토로 합병되었다. 그 수도였던 디종의 종각들과 좁은길들은 지난날 부르고뉴 왕국의 호화로왔던 시대의 건축술을 잘 나타내고 있다.

또한 부르고뉴지방은 포도재배로 유명하다. 특히 끌로, 부죠, 샹베르텡, 몽트라셰는 가장 큰 포도산지일 뿐만 아니라 전세계적으로 포도주 양조의 대명사가 되었다.

오랜 옛날부터 부르고뉴에서 쉽게 발견되는 석재는 이 지역 사람들로 하여금 그것을 다듬고 사용하는데 뛰어나게 하였다. 글루니로부터 베즐레, 라 로슈포로부터 보느까지 오랜 세월에 걸쳐 건축가들이 이 지역에서 역사적으로 가장 유명한 건축연구소를 만들었다.

오늘날 부르고뉴 지방은 활발히 움직이고 발전하고 있다. 고속열차 TGV의 차체가 크뤼조에서 제작되며 아주 복잡한 석유채굴에 사용하는 도구들이 옥세르와 코느-쉬르-롸르의 공장에서 제작되고 있다. 또한 NASA가 광학재료를 부르고뉴에서 구입하고 있고 미,소의 우주항공에 필요한 식품 생산도 이 지방에서 했다. 특히 디종은 콜레스테롤처리를 위한 제약부문에서 세계적으로 유명하다. 그리고 이 지방의 르 크뢰조 몽바르, 샬롱-쉬르-손느는 원자력산업의 중심지이다. Chalon-sur-Saône의 KODAK 연구센터는 유럽에서 가장 중요한 사진연구기관이다. 또한 오늘날 전세계에 걸쳐 5천만개 이상 팔린 압력밥솥 SEB도 부르고뉴의 세롱제에서 발명되었다.

이 지역의 과학개발 프로그램들과 기술개혁계획을 살펴보면 중요한 연구저력을 엿볼 수 있다.

부르고뉴 지방은 대학교, 고급 기술대학, 그랑제꼴, 국립 농업연구소 등과 같은 연구센터들이 많이 있어 연구 환경이 잘 갖추어져 있다.

특히 두 분야에 역점을 두고 있는데 그 하나는 농업식품, 생물공학이고 다른 하나는 레이저와 전자빔 그리고 물질물리학이다.

농업식품 분야에 있어서 부르고뉴는 중요한 연구센터를 갖고 있는데 이는 ENSBANA (국립 영양과 식품 응용 생물대학)와 INRA(국립농업연구소)의 연구소로 구성된 식품공학분야의 전문화된 연구단지이다.

제 18 과

[요점정리]

1. 관계대명사(2) lequel (의문대명사 lequel과 같은 형태인 것에 주의)

   1) 전치사 + lequel : 선행사는 사물
      Voici mon fusil avec lequel j'ai tué le loup.
      여기 내 소총이 있는데 그것으로 나는 늑대를 죽였다.
      ▶ 사람일 경우에는 「전치사 + qui」를 사용한다.

   2) 선행사가 어느 쪽인지 분명히 하고자 할 때.
      Je connais le frère de Mme Durand lequel (laquelle)
      demeure à Paris.
      나는 빠리에 살고 있는 뒤랑부인의 형제를 알고 있다.
      lequel: 뒤랑부인의 형제가 빠리에 살 때.
      laquelle: 뒤랑부인이 빠리에 살 때.

2. 소유대명사: 「소유형용사 + 명사」를 대치

	남성단수	여성단수	남성복수	여성복수
나	le mien	la mienne	les miens	les miennes
너	le tien	la tienne	les tiens	les tiennes
그(그녀)	le sien	la sienne	les siens	les siennes
우리	le nôtre	la nôtre	les nôtres	
당신(들)	le vôtre	la vôtre	les vôtres	
그들	le leur	la leur	les leurs	

Voici son livre, et voilà le mien(=mon livre).
여기 그의 책이 있고 저기 내 책이 있다.

3. 비인칭구문

   ① il reste ~ 가 있다. il manque ~ 이 부족하다.
   il arrive ~ 이 일어날 수 있다.

   Il reste encore dix minutes.
   아직 10분이 남아있다.
   Il s'agit de votre avenir.
   당신의 미래에 관계되는 일이다.

   ② Il vaut mieux + inf. ~ 하는 편이 더 낫다.
   Il vaut mieux vous reposer un peu.
   당신은 좀 쉬는 것이 좋을 것이다.

   ③ Il est impossible 불가능한
   (possible 가능한, nécessaire 불필요한, difficile 어려운, facile 쉬운, probable 그럴듯한) + de + inf.

   Il est impossible de faire le tour du monde en 24 heures.
   24시간만에 세계일주를 하는 것은 불가능하다.

연습문제

1. 보기와 같이 한 문장으로 연결 시키시오.

 Voici mon fusil. J'ai tué le loup avec ce fusil.
→ Voici mon fusil avec lequel j'ai tué le loup.
여기 있는 내 소총으로 나는 늑대를 죽였다.

1) Il me demande le journal. J'ai lu cet article dans ce journal.
그는 내게 이 신문을 요청한다. 나는 이 신문에서 그 기사를 읽었다.
→ _____

2) Où est la table? Vous avez mis vos documents sur cette table.
테이블이 어디 있습니까? 당신은 서류를 이 탁자 위에 놓았습니다.
→ _____

3) Voilà la raison. Elle ne s'est pas mariée avec lui pour cette raison.
그것이 이유입니다. 그녀는 그 이유 때문에 그와 결혼하지 않았습니다.
→ _____

2. 관계대명사로 연결시켜 보시오.

> Voici sa lettre. Je dois répondre à cette lettre.
> → Voici sa lettre à laquelle je dois répondre.
> 여기 내가 답해야 하는 그의 편지가 있다.

> Son oncle est un monsieur très intéressant.
> Nous lui avons parlé hier.
> → Son oncle à qui nous avons parlé hier est un monsieur très intéressant.
> 어제 우리가 이야기를 나눈 그의 아저씨는 매우 재미있는 분이다.

1) Le train allait partir pour Lyon. Pierre était dans ce train.
   열차는 리용을 향해 떠나려하고 있었다. 삐에르는 그 기차에 있었다.
   → _____

2) Mlle Durand est la sœur de mon ami. Je suis sorti avec elle hier soir.
   뒤랑양은 내 친구의 누이다. 나는 어제 저녁 그녀와 데이트했다.
   → _____

3) Montrez-moi l'appareil. Vous avez pris ces photos avec cet appareil.
   카메라를 보여주시오. 당신은 이 카메라로 사진을 찍었습니다.
   → _____

4) Il y a dans ce village une vieille femme. Tout le monde lui demande le conseil.
   이 마을에는 할머니가 계신다. 모든 사람은 그분에게 조언을 구한다.
   → _____

3. 관계대명사로 문장을 연결시키시오.

> Je connais le frère de Mme Durand. Il demeure à Paris. → Je connais le frère de Mme Durand lequel demeure à Paris.
> 나는 빠리에 살고 있는, 뒤랑부인의 형제를 알고 있다.

1) Je cherche Marie et Pierre. Elle m'a dit d'attendre jusqu'à six heures.
   나는 마리와 삐에르를 찾고 있다. 그녀는 내게 6시까지 기다리라고 말했다.
   → _____

2) Je lui ai prêté des livres et des revues. Elles ont été envoyées de Paris.
   나는 그에게 책과 잡지들을 빌려주었다. 그 잡지들은 빠리에서 보내온 것이다.
   → _____

3) Il aime la sœur de Jean. Elle vient de sortir du lycée.
   그는 쟝의 누이를 사랑한다. 그녀는 얼마전에 고등학교를 졸업했다.
   → _____

4. 보기와 같이 다시 써 보시오.

> Voici mon parapluie, mais où est votre parapluie?
> → Voici mon parapluie, mais où est le vôtre?
> 여기 내 우산이 있는데 당신 것은 어디 있습니까?

1) Sa mère et ma mère sont de bonnes amies.
   그의 어머니와 나의 어머니는 좋은 친구였다.
   → _____

2) Voici vos livres, et voilà leurs livres.
   여기 당신 책들이 있고 저기 그들의 책들이 있다.
   → _____

3) Elle a son stylo ; as-tu aussi ton stylo?
   그녀는 만년필을 갖고 있다. 너도 만년필을 갖고 있니?
   → _____

5. 밑줄친 부분을 다시 써 보시오.

   보기   Il s'agit de <u>votre avenir</u>.
   당신의 미래에 관계된 것이다.

   1) 나의 인생(ma vie)에 관계된 것이다.
      → _____

   2) 그녀의 재능(talent)에 관계된 것이다.
      → _____

   3) 우리의 행복(bonheur)에 관계된 것이다.
      → _____

   4) 그들의 결혼(mariage)에 관계된 것이다.
      → _____

6. 다음과 같이 다시 써 보시오.

> **보기**
> Dix minutes restent encore.
> → Il reste encore dix minutes.
> 아직 10분이 남아있다.

1) Un grand malheur lui est arrivé.
   큰 불행이 그에게 닥쳤다.
   → _____

2) Un livre me manque.
   내게 책 한 권이 부족하다.
   → _____

3) Quelque chose est tombé près de lui.
   무언가가 그의 곁에 떨어졌다.
   → _____

7. 다음을 프랑스어로 쓰시오.

>
> 조금 쉬는 것이 나을 겁니다.
> Il vaut mieux vous reposer un peu.

1) 오늘저녁 일찍 잠자리에 드시는 것이 좋을 것입니다.
   → _____

2) 지금 곧 숨는 것(se cacher)이 좋을 것이다.
   → _____

3) 조금 서두르는 것이 좋을 겁니다.
   → _____

 24시간만에 세계일주를 하는 것은 불가능하다.
Il est impossible de faire le tour du monde en vingt-quatre heures.

1) 내일 그를 만나러 갈 필요가 있다.
   → _____

2) 솔직한(honnête) 사람을 찾기는 어렵다.
   → _____

3) 그 일을 하는 것은 쉽다.
   → _____

1
1) Il me demande le journal dans lequel j'ai lu cet article.
2) Où est la table sur laquelle vous avez mis vos documents?
3) Voilà la raison pour laquelle elle ne s'est pas mariée avec lui.

2
1) Le train dans lequel était Pierre allait partir pour Lyon.
2) M{lle} Durand avec qui je suis sorti hier soir est la sœur de mon ami.
3) Montrez-moi l'appareil avec lequel vous avez pris ces photos.
4) Il y a dans ce village une vieille femme à qui tout le monde demande le conseil.

3
1) Je cherche Marie et Pierre laquelle m'a dit d'attendre jusqu'à six heures.
2) Je lui ai prêté des livres et des revues lesquelles ont été envoyées de Paris.
3) Il aime la sœur de Jean laquelle vient de sortir du lycée.

4
1) Sa mère et la mienne sont de bonnes amies.
2) Voici vos livres, et voilà les leurs.
3) Elle a son stylo ; as-tu aussi le tien?

5
1) Il s'agit de ma vie.
2) Il s'agit de son talent.
3) Il s'agit de notre bonheur.
4) Il s'agit de leur mariage.

6
1) Il lui est arrivé un grand malheur.
2) Il me manque un livre.
3) Il est tombé quelque chose près de lui.

7
A. 1) Il vaut mieux vous coucher tôt ce soir.
   2) Il vaut mieux te cacher sur-le-champ.
   3) Il vaut mieux vous dépêcher un peu.
B. 1) Il est nécessaire d'aller le voir demain.
   2) Il est difficile de trouver un homme honnête.
   3) Il est facile de faire cela.

로렌지방

프랑스 북동부에 위치한 로렌지방은 라틴유럽과 게르만유럽이 접하는 곳으로 오랫동안 분쟁이 끊이지 않았던 곳이다. 로렌지방의 넓은 평원은 지상은 빈약하지만 지하는 석탄과 염이 풍부하고, 조금 서쪽으로 가면 모젤강과 뫼즈강을 끼고 비옥한 토지가 펼쳐지고 지하에는 철이 다량 매장되어 있어 1960년대에는 프랑스의 텍사스로 불리기도했다. 그러나 최근 20여년동안은 제철산업의 퇴조로 극심한 곤란을 겪기도 했다. 이 기간동안 제철소 노동자는 8만명에서 2만명 이하로, 섬유업에 종사하는 봉급생활자도 4만5천명에서 3만4천명으로, 석탄을 캐는 광부도 3만4천명에서 1만4천명으로, 그리고 철광 광부도 1만3천명에서 1천여명으로 줄어들었다. 산업계의 이러한 구조개편에 직면해 이 지역 기업체들이 보여주는 자구노력과 프랑스를 비롯 독일, 벨기에, 룩셈부르그 등의 범국가적인 지원을 바탕으로 지금은 그 위기를 슬기롭게 극복해 나가고 있다. 지정학적으로 유럽의 심장부에 위치한 로렌지역의 변모과정은 하나의 유럽을 건설하는데 좋은 귀감이 될 수 있을 것이다.

1985년 프랑스, 룩셈부르그, 벨기에의 국경지역에 있는 롱위-로당쥬-아튀스 세 도시를 축으로 하는 발전계획이 수립되었다. 위의 세 지역은 체철산업을 재건해야 한다는 공통의 과제를 안고 있었다. 예컨대 1975년에 4만2천5백명이던 제철소 근로자수가 10년 동안에 1만7천명으로 감소하였고 전체인구도 4%이상 감소하였다. 이같은 어려운 문제를 어느 한 지역 만이 해결하기란 어려웠고 모든 노력이 한계에 이르러 3국이 공동으로 구주공동체의 지원을 받아 기업체의 재전환을 모색하게 되었다. 이 지역 30만 주민에게 미래의 희망을 주고자 함께 노력하기로 함으로써 문제해결을 위한 총체적 접근을 시도하자는 것이었다.

예를들면 기업이 들어설 장소를 지정하여 공단을 조성하고, 서비스센터를 건립하고, 은행의 컨소시엄을 통하여 투자를 촉진하는 등 모든 사업을 공동으로 추진했다. 계획의 40%를 달성하고 있는 현재 3천2백25개의 일자리(그중 프랑스에 2천1백9개)를 마련하는데 성공하고 있다.

유럽시장의 중심에 위치한 지리적 이점과 수준높고 풍부한 근로인력의 공급이 성공을 뒷받침한 것이다. 이 계획은 유럽차원을 떠나 세계적으로 인정을 받고 있다.

제 19 과

[요점정리]

관계대명사(3): **dont, où**

1. **dont:** de + 선행사

   그것(그 사람)의, 그것(그 사람)에 관하여

   ① de가 필요한 동사, 동사구의 목적격.
   Voilà le célèbre acteur. Elle parle souvent de cet acteur.
   유명한 배우가 저기 있다. 그녀는 이 배우에 대해 자주 이야기 한다.
   → Voilà le célèbre acteur dont elle parle souvent.
   그녀가 자주 이야기하는 유명한 배우가 저기 있다.

   Il a acheté une maison. Tout le monde est content de cette maison.
   그가 이집을 샀다. 모든 사람은 이 집에 대해 만족해 한다.
   → Il a acheté une maison dont tout le monde est content. (← être content de ...)
   그는 모든 사람이 만족해 하는 집을 샀다.

   ② 소유격
   Marie ne viendra pas aujourd'hui.
   마리는 오늘 오지 않을 것이다.
   Sa mère(La mère de Marie) est gravement malade.
   마리의 어머니가 몹시 아프다.

→ Marie dont la mère est gravement malade ne viendra pas aujourd'hui.
자기 어머니가 몹시 아픈 마리는 오늘 오지 않을 것이다.

2. **où** : ~곳에, ~할 때에

① 장소
Le village est près d'ici.
이 마을은 여기서 가깝다.
Je suis né dans ce village.
나는 이 마을에서 태어났다.
→ Le village où je suis né est près d'ici.
  내가 태어난 마을은 여기서 가깝다.

② 시간
Venez me voir le jour où vous serez libre.
시간나면 나를 보러 오십시오.

연습문제

1. 보기와 같이 관계대명사를 이용해 다시 써 보시오.

> Voilà le célèbre acteur. Elle parle souvent de cet acteur.
> → Voilà le célèbre acteur. Elle parle souvent de lui.
> → Voilà le célèbre acteur dont elle parle souvent.
> 그녀가 자주 이야기하는 유명한 배우가 저기 있다.

1) Ne vous souvenez-vous pas de Mlle Durand? Mon frère vous a parlé de Mlle Durand l'autre jour.
   뒤랑양 기억나지 않으세요? 내 형은 일전에 당신에게 뒤랑양에 대해 말했습니다.

   → _____
   _____

2) Jeanne va se marier avec Pierre. Elle est amoureuse de Pierre depuis longtemps.
   쟌느는 삐에르와 곧 결혼한다. 그녀는 오래 전부터 삐에르를 사랑하고 있다.

   → _____
   _____

3) Les Duval viendront ici cet après-midi. Je vous ai parlé des Duval tout à l'heure.

뒤발 가족은 오늘 오후 여기 올 것이다. 나는 조금 전에 당신께 뒤발 가족에 대해 말했다.

→ _____

_____

4) Il parle souvent de son fils. Il est très fier de son fils.

그는 자주 자기 아들에 관해 말한다. 그는 자기 아들을 아주 자랑스러워 한다.

→ _____

_____

2. 보기와 같이 다시 써 보시오.

> Il a acheté une maison. Tout le monde est très content de cette maison.
> → Il a acheté une maison. Tout le monde en est très content.
> → Il a acheté une maison dont tout le monde est très content.
> 그는 모든 사람이 만족해하는 집을 샀다.

1) Voilà le roman français. Je vous ai parlé de ce roman l'autre jour.

여기 프랑스 소설이 있다. 나는 일전에 당신께 이 소설에 대해 이야기 했다.

→ _____

_____

2) Où est mon dictionnaire de français? J'ai besoin de ce dictionnaire en ce moment.
내 프랑스어 사전이 어디 있지? 나는 지금 이 사전을 필요로 하고 있다.

→ _____

_____

3) Elle m'a raconté une histoire assez drôle. Je ne me souviens plus de cette histoire.
그녀는 내게 아주 재미있는 이야기를 해 주었다. 나는 더 이상 이 이야기를 기억하지 못한다.

→ _____

_____

4) L'accident est arrivé près de la gare du Nord. On parle beaucoup de cet accident.
북역(北驛) 부근에서 사고가 났다. 사람들은 이 사고에 대해 많이 이야기하고 있다.

→ _____

_____

3. 보기와 같이 다시 써 보시오.

Marie ne viendra pas aujourd'hui. La mère de Marie est gravement malade.
→ Marie ne viendra pas aujourd'hui. Sa mère est gravement malade.
→ Marie dont la mère est gravement malade ne viendra pas aujourd'hui.
자기 어머니가 몹시 아픈 마리는 오늘 오지 않을 것이다.

1) Jacques est un de mes amis. Le père de Jacques est un médecin très connu.

   쟈크는 내 친구중 하나이다. 쟈크의 아버지는 매우 유명한 의사이다.

   → _____

   _____

2) Connaissez-vous cette fille? Nous avons vu le frère de cette fille à Paris.

   이 아가씨를 아십니까? 우리는 빠리에서 이 아가씨의 형제를 보았다.

   → _____

   _____

3) Georges est caché dans le jardin. Les amis de Georges le cherchent partout.

   죠르쥬는 정원에 숨었다. 죠르쥬의 친구들은 여기저기 그를 찾고 있다.

   → _____

   _____

4. 다음과 같이 다시 써 보시오.

> Voici la maison. Je connais la propriétaire de cette maison.
> → Voici la maison. J'en connais la propriétaire.
> → Voici la maison dont je connais la propriétaire.
>   내가 그 집 주인을 알고 있는 그 집이 여기 있다.

1) J'aime cette belle église. Je ne sais pas l'époque de cette église.

나는 이 아름다운 교회를 좋아한다. 나는 이 교회의 연대를 모른다.

→ _____

_____

2) Je lui ai prêté mon livre. J'ai oublié le nom de ce livre.
   나는 그에게 내 책을 빌려 주었다. 나는 이 책의 이름을 잊었다.

   → _____

   _____

3) Nous avons acheté une petite maison. Le jardin de cette maison est magnifique au printemps.
   우리는 작은 집을 샀다. 이 집 정원은 봄에 아주 훌륭하다.

   → _____

   _____

5. 관계대명사 **où** 를 이용해 연결해 보시오.

Le village est près d'ici. Je suis né dans ce village.
→ Le village où je suis né est près d'ici.
   내가 태어난 마을이 여기에서 가깝다.

1) Ils vont passer les grandes vacances à Nice. Leurs parents habitent à Nice.
   그들은 여름 휴가를 니스에서 보낼 것이다. 그들의 부모는 니스에 살고 있다.

   → _____

2) Voilà le magasin. Elle a acheté son joli chapeau dans ce magasin.

자, 여기 가게가 있다. 그녀는 이 가게에서 예쁜 모자를 샀다.
→ _____

3) Vous vous souvenez de cette ville? Vous passiez votre enfance dans cette ville.
이 도시를 기억하십니까? 당신은 어린 시절을 이 도시에서 보냈습니다.
→ _____

6. 다음을 프랑스어로 써 보시오.

> **보기**
> 시간날 때 나를 보러 오세요.
> → Venez me voir le jour où vous serez libre.

1) 당신이 이 도시에 도착하던 날 비가 오고 있었다.
→ _____

2) 매우 날씨가 덥던 날들에 우리는 수영장에 수영하러 갔었다.
→ _____

3) 그가 내게 이 이야기를 해준 다음날 그는 죽었다.
→ _____

7. en대명사와 관계대명사 dont을 이용해 다시 써 보시오.

1) Voilà le chien énorme. Les enfants ont peur de ce chien.
큰 개가 있다. 어린이들은 이 개를 무서워 한다.
→ _____

2) J'ai rencontré Mme Martin. Le fils de Mme Martin est actuellement en Suisse.

나는 마르땡 부인을 만났다. 마르땡부인의 아들은 지금 스위스에 있다.

→ _____

3) Ce roman me plaît beaucoup. L'auteur de ce roman est encore peu connu.

나는 이 소설을 매우 좋아한다. 이 소설의 저자는 아직 거의 알려지지 않았다.

→ _____

4) Je me souviens bien de M. Duval. Mon père me parlait souvent de M. Duval.

나는 뒤발씨를 잘 기억하고 있다. 나의 아버지는 자주 뒤발씨에 관해 이야기했다.

→ _____

해답

1
1) Ne vous souvenez-vous pas de Mlle Durand? Mon frère vous a parlé d'elle l'autre jour. / Ne vous souvenez-vous pas de Mlle Durand dont mon frère vous a parlé l'autre jour?
2) Jeanne va se marier avec Pierre. Elle est amoureuse de lui depuis longtemps. / Jeanne va se marier avec Pierre dont elle est amoureuse depuis longtemps.
3) Les Duval viendront ici cet après-midi. Je vous ai parlé d'eux tout à l'heure. / Les Duval dont je vous ai parlé tout à l'heure viendront ici cet après-midi.
4) Il parle souvent de sont fils. Il est très fier de lui. / Il parle souvent de son fils dont il est très fier.

2
1) Voilà le roman français. Je vous en ai parlé l'autre jour. Voilà le roman français dont je vous ai parlé l'autre jour.
2) Où est mon dictionnaire de français? J'en ai besoin en ce moment. / Où est mon dictionnaire de français dont j'ai besoin en ce moment.
3) Elle m'a raconté une histoire assez drôle. Je ne m'en souviens plus. / Elle m'a raconté une histoire assez drôle dont je ne me souviens plus.
4) L'accident est arrivé près de la gare du Nord. On en parle beaucoup. / L'accident dont on parle beaucoup est arrivé près de la gare du Nord.

3
1) Jacques est un de mes amis. Son père est un médecin très connu. / Jacques dont le père est un médecin très connu est un de mes amis.
2) Connaissez-vous cette fille? Nous avons vu son frère à Paris. / Connaissez-vous cette fille dont nous avons vu le frère à Paris.
3) Georges est caché dans le jardin. Ses amis le cherchent partout. / Georges dont les amis le cherchent partout est caché dans le jardin.

4
1) J'aime cette belle église. Je n'en sais pas l'époque.
   J'aime cette belle église dont je ne sais pas l'époque.
2) Je lui ai prêté mon livre. J'en ai oublié le nom.
   Je lui ai prêté mon livre dont j'ai oublié le nom.
3) Nous avons acheté une petite maison. Le jardin en est magnifique au printemps. / Nous avons acheté une petite maison dont le jardin est magnifique au printemps.

5
1) Ils vont passer les grandes vacances à Nice où habitent leurs parents.
2) Voilà le magasin où elle a acheté son joli chapeau.
3) Vous vous souvenez de cette ville où vous passiez votre enfance?

6
1) Il pleuvait le jour où vous êtes arrivé dans cette ville.
2) Nous allions nager à la piscine les jours où il faisait très chaud.
3) Il est mort le lendemain où il m'a raconté cette histoire.

7
1) Voilà le chien énorme. Les enfants en ont peur. / Voilà le chien énorme dont les enfants ont peur.
2) J'ai rencontré Mme Martin. Son fils est actuellement en Suisse. / J'ai rencontré Mme Martin dont le fils est actuellement en Suisse.
3) Ce roman me plaît beaucoup. L'auteur en est encore peu connu. / Ce roman dont l'auteur est encore peu connu me plaît beaucoup.
4) Je me souviens bien de M. Duval. Mon père me parlait souvent de lui. / Je me souviens bien de M. Duval dont mon père me parlait.

유로터널

　도버해협 해저터널의 구상은 프랑스와 영국 두 나라의 오랜 역사적 관계와 같이 오래전에 이루어졌으며 그 진행 과정도 상당히 복잡했음을 알 수가 있다. 기록에 남아있는 최초의 계획은 2백년 이상 거슬러 올라 간다. 1751년 지질학자 니콜라 데마레가 도버해협 해저터널계획으로 아미엥학술원으로부터 수상한 바 있다. 이 구상은 1802년 알베르-파브비에가 새로 받아들여 나폴레옹 1세에게 해저터널의 건설을 건의했으나, 2년후 영불간의 전쟁발발로 계획이 수포로 돌아갔다. 그 후 80년이 지난 1882년 두 나라가 이 계획을 새로이 시도, 프랑스 측에서는 깔레 남쪽에서 1천8백38m터널을 굴착하였으나, 영국 측이 전략적인 이유로 굴착을 중단함으로써 건설계획이 중단되고, 영국은 이후 1세기 이상 계속 섬나라로 남게된다. 영국의 유럽경제공동체 가입을 반대하던 드골 대통령 사후, 1970년 뽕삐두 대통령 당시에 영국이 유럽경제공동체에 가입하게되자, 1974년 해저터널 굴착이 다시 한 번 시도되었으나, 영국측의 재정적인 이유로 곧 중단되고 말았다. 그럼에도 불구하고 해저터널공사와 재정지원에 관심있는 회사들이 이 계획의 재개를 원했다. 1984년 미테랑 대통령과 대처 수상은 프랑스 랑부이에 정상회담에서 해저터널을 민자로 추진할 것을 합의, 1986년 이를 확정함으로써 1993년 6월 15일 10시 준공을 목표로 하는 유로터널 계획이 착수된 것이다.

　유로터널 건설의 의미는 여러 측면에서 생각해 볼 수 있다. 유로터널은 사상 최대의 해저터널 공사로 공사의 난이도 면에서나 건설비용 면에서 금세기 최대의 토목공사이다. 이 공사는 영불 두나라만이 관여하는 공사차원을 넘어서, 전 세계 투자가들과 2백개 이상의 은행들이 공동 출자한, 순수한 민간차원에서 이루어진 공동참여 사업이라 볼 수 있다. 또한 기술적인 면에서도 영불양국의 10개 주요 건설회사가 공동으로 참여, 선례가 거의 없고 기술적으로도 난공사인 초대규모의 해저터널 공사를 첨단의 신공법 개발과 철저한 공사관리로 무난히 진행시켰다. 물론 중간과정에서 당초에 예기치 못했었던 공사비의 증가와 시행착오를 지적하지 않을 수 없다. 그러나 공사를 순조롭게 진행할 수 있었던 것은 기술적인 면에서 양국 주요 건설회사들의 공동연구 및 협력에 기인한 것으로 볼 수 있다.

한편 유사이래 항상 유럽대륙과 떨어져 섬나라로 존재하던 영국이 대륙으로 연결됨으로써 유럽의 실질적인 통일이 동구권의 개방과 함께 성큼 다가선 것으로 보인다. 영국과 프랑스는 가까운 나라이면서도 두 나라의 관계는 반드시 가깝게만 느껴지지 않았었다. 양국간에 존재했던 오해와 분쟁은 유로터널의 건설과 함께 종식될 수 있는 계기가 될 수 있을 것이며, 그동안 양국이 서부유럽의 중심역할을 해왔으나, 이제 동구권의 개방과 독일의 통일로 유럽의 중심이 다시 베를린으로 바뀌는 시점에서 양국의 협력관계가 보다 절실히 요구되었던 것이다.

제 20 과

[요점정리]

1. 대과거 (plus-que-parfait)

   ① 형태: | avoir(또는 être) 반과거 + p.p |

   acheter 사다 :   j'avais acheté
   　　　　　　　　　il avait acheté

   venir 오다 :   j'étais venu(e)
   　　　　　　　　　tu étais venu(e)
   　　　　　　　　　il était venu

   se lever 일어나다 : je m'étais levé(e)
   　　　　　　　　　tu t'étais levé(e)
   　　　　　　　　　il s'était levé

   ② 용법
   　a. 과거에 있었던 동작(복합과거)보다 먼저 일어난 행위를 나타낼 때
   　　Quand je suis arrivé chez elle, elle était déjà partie.
   　　내가 그녀의 집에 도착했을 때 그녀는 이미 떠나고 없었다.

   　b. 주절의 동사가 반과거일 때. 시간의 접속사(quand)와 함께 사용되어 과거의 습관을 나타내기도 한다.

Quand ils avaient déjeuné, ils jouaient aux cartes.
그들은 식사하고 나서 카드놀이를 하곤 했다.

c. 시제의 일치에 있어서 "과거의 과거":
주절의 동사가 과거일 때 종속절 동사는 대과거가 된다.
Il m'a dit qu'il avait été très occupé la veille.
그는 그 전날 매우 바빴다고 내게 말했다.

2. 전미래(futur antérieur)
   미래의 어떤 시점 보다 먼저 완료됨을 나타내는 시제

   ① 형태

   > avoir(또는 être) 의 미래 + p.p

   ② 용법
   J'aurai écrit cette lettre quand vous reviendrez.
   당신이 돌아오실 때까지는 이 편지를 써 놓겠습니다.

   Je serai revenu dans trois heures.
   3시간 후에는 돌아와 있을 것입니다.

연습문제

1. 다음을 대과거로 다시 써 보시오.

> **보기 A**
> J'ai voyagé en Europe. → J'avais voyagé en Europe.
> 나는 유럽을 여행했다.   나는 유럽을 여행했었다.

1) Il a fini son travail.   → _____
   그는 일을 끝냈다.

2) Vous êtes revenu en ville.   → _____
   당신은 시내에 돌아왔다.

3) J'ai déjà lu cet article.   → _____
   나는 이 기사를 이미 읽었다.

4) Nous sommes allés à Paris.   → _____
   우리는 빠리에 갔다.

> **보기 B**
> Je me suis habillé. → Je m'étais habillé.
> 나는 옷을 입었다.   나는 옷을 입었었다.

1) Nous nous sommes levées.
   우리는 일어났다.
   → _____

2) Elle s'en est allée.   → _____
   그녀는 가버렸다.

3) Ils se sont réveillés.   → _____
   그들은 잠을 깼다.

2. 다음을 다시 써 보시오.

> Quand je suis arrivé chez elle, elle était déjà partie.
> 내가 그녀의 집에 도착했을 때, 그녀는 이미 떠나고 없었다.

1) 내가 그녀의 집에 도착했을 때, 그녀는 이미 돌아와 있었다.
   → _____

2) 내가 그녀에게 전화했을 때, 그녀는 이미 돌아와 있었다.
   → _____

3) 내가 그녀에게 전화했을 때, 그녀는 이미 점심식사를 끝냈었다.
   → _____

4) 우리가 그녀의 방에 들어갔을 때, 그녀는 이미 점심식사를 끝냈었다.
   → _____

5) 우리가 그녀의 방에 들어갔을 때 그녀는 이미 일을 끝냈었다.
   → _____

3. 보기와 같이 다시 써 보시오.

> Quand ils ont déjeuné, ils jouent aux cartes.
> → Quand ils avaient déjeuné, ils jouaient aux cartes.
>   그들은 식사하고 나서 카드놀이를 하곤 했다.

1) Quand nous avons pris notre repas, nous allons faire une promenade.
   우리는 식사 후에 산책한다.
   → _____

2) Quand il a terminé son travail, il retourne à ses livres.
   그는 일을 끝내고 자기 책들로 돌아간다.
   → _____

3) Quand j'ai fini de travailler, je bavarde avec mes camarades jusqu'à minuit.
   나는 일을 끝내고 동료들과 함께 자정까지 담소를 나눈다.
   → _____

4. 다음과 같이 한 문장으로 만드시오.

> **보기**
>
> Il m'a dit: «J'ai été très occupé hier.»
> → Il m'a dit qu'il avait été très occupé la veille.
>   그는 그 전날 매우 바빴다고 내게 말했다.

1) Il nous a dit: «Je vous ai attendus longtemps.»
   그는 우리에게 말했다. 당신들을 오래 기다렸습니다.
   → _____

2) Vous m'avez dit: «J'ai fait un bon voyage.»
   당신은 내게 말했다. 나는 여행을 잘했습니다.
   → _____

3) Il m'a dit: «J'ai rencontré votre frère à Grenoble.»
   그는 내게 말했다. 나는 당신 형제를 그르노블에서 만났습니다.
   → _____

4) Il m'a dit: «Vous avez fait ce travail.»
   그는 내게 말했다. 당신은 이 일을 하셨습니다.
   → _____

5. 간접화법으로 만들어 보시오.

> **보기**
>
> Elle m'a dit: «Je cherche votre mère.»
> → Elle m'a dit qu'elle cherchait ma mère.
>   그녀는 내 어머니를 찾고 있었다고 내게 말했다.
>
> Elle m'a dit: «J'ai passé mes vacances à Nice.»
> → Elle m'a dit qu'elle avait passé ses vacances à Nice.
>   그녀는 니스에서 휴가를 보냈다고 내게 말했다.

1) Vous m'avez dit: «J'ai lu ce livre.»
   당신은 내게 말했다. 나는 이 책을 읽었다.
   → _____

2) Elle m'a dit: «Je ne me sens pas bien aujourd'hui.»
   그녀는 내게 말했다. 나는 오늘 컨디션이 좋지 않다.
   → _____

3) Elle nous a dit: «Mon mari est revenu.»
   그녀는 우리에게 말했다. 남편이 돌아왔다.
   → _____

4) Il m'a dit: «Mon père travaille dans son cabinet de travail.»
   그는 내게 말했다. 아버지는 서재에서 작업하신다.
   → _____

6. 다음 문장의 주어를 바꿔보시오.

 Je serai revenu dans trois jours.
나는 사흘 후에 돌아와 있을 것이다.

1) Nous _____
2) Elle _____
3) Il _____
4) Ils _____

보기B Quand j'aurai fini mes études, j'irai à Paris.
나는 학업을 마치고 빠리에 갈 것이다.

1) Quand il _____
2) Quand nous _____
3) Quand elle _____
4) Quand vous _____
5) Quand ils _____

7. 전미래로 써 보시오.

 Je lirai ce livre. → J'aurai lu ce livre.
나는 이 책을 읽어두겠다.

1) Vous parlerez de lui.
   당신은 그에 대해 말할 것이다.
   → _____

2) Il viendra chez nous.
   그는 우리집에 올 것이다.
   → _____

3) Nous rentrerons à la maison.
   우리는 집에 돌아올 것이다.
   → _____

4) Ils comprendront ce texte.
   그들은 이 텍스트를 이해할 것이다.
   → _____

8. 다음 문장을 이용해 다시 써 보시오.

   > **보기** 당신이 돌아올 때까지 나는 이 편지를 써 둘 것이다.
   > → J'aurai écrit cette lettre quand vous reviendrez.

1) 당신이 돌아올 때 그녀는 외출했을 것이다.
   → _____

2) 당신이 그녀의 집에 도착할 때 그녀는 외출했을 것이다.
   → _____

3) 당신이 그녀의 집에 도착할 때 비는 그쳐있을 것이다.
   → _____

4) 당신이 떠날 때 비는 그쳐있을 것이다.
   → _____

9. 다음을 프랑스어로 쓰시오.

> **보기 A**
> 선생님을 만나러 가기 전에 그는 이 모든 책들을 읽었다.
> → Avant d'aller voir le professeur, il avait lu tous ces livres.

1) 프랑스로 떠나기 전에 나는 그를 알게 되었다.
   (faire sa connaissance)
   → _____

2) 나는 그에게 진실을 말하기 전에 나는 곰곰히 생각해 보았다.
   (réfléchir)
   → _____

> **보기 B**
> 그는 우리가 도착하기 전에 떠나있을 것이다.
> → Il sera parti avant notre arrivée.

1) 그들은 정오가 되기 전에 이 일을 끝내둘 것이다.
   → _____

2) 나는 그녀가 떠나기 전에 그녀를 만날 것이다.
   → _____

> **보기 C**
> 나는 사흘후에는 도착해 있을 것이다.
> → Je serai venu dans trois jours.

1) 우리는 한달 있으면 프랑스로 떠나 있을 것이다.
   → _____

2) 나는 15분 후에는 여기 돌아와 있을 것이다.
   → _____

해답

1

A. 1) Il avait fini son travail.
2) Vous étiez revenu en ville.
3) J'avais déjà lu cet article.
4) Nous étions allés à Paris.

B. 1) Nous nous étions levées.
2) Elle s'en était allée.
3) Ils s'étaient réveillés.

2

1) Quand je suis arrivé chez elle, elle était déjà rentrée.
2) Quand je lui ai téléphoné, elle était déjà rentrée.
3) Quand je lui ai téléphoné, elle avait déjà fini le déjeuner.
4) Quand nous sommes entrés dans sa chambre, elle avait déjà fini le déjeuner.
5) Quand nous sommes entrés dans sa chambre, elle avait déjà fini le travail.

3

1) Quand nous avions pris notre repas, nous allions faire une promenade.
2) Quand il avait terminé son travail, il retournait à ses livres.
3) Quand j'avais fini de travailler, je bavardais avec mes camarades jusqu'à minuit.

4

1) Il nous a dit qu'il nous avait attendus longtemps.
2) Vous m'avez dit que vous aviez fait un bon voyage.
3) Il m'a dit qu'il avait rencontré mon frère à Grenoble.
4) Il m'a dit que j'avais fait ce travail.

5

1) Vous m'avez dit que vous aviez lu ce livre.
2) Elle m'a dit qu'elle ne se sentait pas bien ce jour-là.

3) Elle nous a dit que son mari était revenu.
4) Il m'a dit que son père travaillait dans son cabinet de travail.

6

A. 1) Nous serons revenus dans trois jours.
    2) Elle sera revenue dans trois jours.
    3) Vous serez revenues dans trois jours.
    4) Il sera revenu dans trois jours.
    5) Ils seront revenus dans trois jours.
B. 1) Quand il aura fini ses études, il ira à Paris.
    2) Quand nous aurons fini nos études, nous irons à Paris.
    3) Quand elle aura fini ses études, elle ira à Paris.
    4) Quand vous aurez fini vos études, vous irez à Paris.
    5) Quand ils auront fini leurs études, ils iront à Paris.

7

1) Vous aurez parlé de lui.
2) Ils sera venu chez nous.
3) Nous serons rentrés à la maison.
4) Ils auront compris ce texte.

8

1) Elle sera sortie quand vous reviendrez.
2) Elle sera sortie quand vous arriverez chez elle.
3) La pluie aura cessé, quand vous arriverez chez elle.
4) La pluie aura cessé, quand vous partirez.
5) Nous serons arrivés à la gare, quand vous partirez.

9

A. 1) Avant de partir en France, j'avais déjà fait sa connaissance.
    2) Avant de lui dire la vérité, j'avais bien réfléchi.
B. 1) Ils auront fini ce travail avant midi.
    2) Je l'aurai vue avant son départ.
C. 1) Nous serons partis en France dans un mois.
    2) Je serai revenu ici dans un quart d'heure.

● 철학카페

빠리에 철학 카페들이 유행하고 있다. 소르본느 대학과 콜레주 드 프랑스, 팡테옹사원이 붙어있는 빠리의 라틴 구역, 중세때 이곳의 지식인들이 라틴어만 사용했던, 18세기 이후 프랑스 지성사의 생생한 현장이기도 한 이 구역의 한복판에 있는 **카페 클뤼니**에서는 매주 수요일 오후 6시부터 철학토론이 벌어진다. 현재 전세계 인문사회 과학계의 담론을 이끌로 있는 프랑스 지식인사회의 다양한 흐름들이 주로 다루어진다.

카페 클뤼니에서 멀지 않은 곳에 위치한 **카페 뤽상부르**. 매주 일요일 오전 11시가 되면 이곳에서 정신분석학자 장 클로드 아귀에르가 청중들을 향해 일갈한다. 『성찰의 무대에서 관객이 되지 말고 배우가 되라.』

카르디날 르모완느거리의 **카페 타라주트**도 철학카페다. 플라톤과 니체의 저작을 놓고 토론이 벌어지거나, 셰익스피어의 햄릿에서 부터 안데르센의 동화에 이르는 문학작품을 놓고 격론이 벌어진다.

이 카페의 토론이 지향하는 것은 타자의 얘기에 귀를 기울임으로써 앎과 성찰에 더 가까이 가고, 자기 자신의 영혼의 심연에 침잠하자는 것. 철학이란 특정한 형식에 구애받지 않아야 한다는 것이 이 철학카페의 선언이다. 모임은 매우 토요일 오후 4시.

생 안트완느거리에 있는 **카페 뒤 마레**도 독특한 매력을 풍긴다. 절충주의가 논의되다가 세계시민주의가 등장하고, 이 둘이 서로 접합된다. 주요 참석자들은 작가, 화가, 배우, 심지어 고등학생에 이르기까지 다양하다. 매달 첫 번째 화요일 오후 7시 30분이면 정신분석학자와 심리학자가 나타나 토론 주제를 제안해 토론을 벌일 뿐 아니라 손님들이 내놓는 다양한 주제들이 활기를 띠며 몰려든다.

철학카페의 유행은 최근 프랑스에서 일고 있는 철학의 대중화 현상을 반영하는 것이기도 하다.

제 21 과

[요점정리]

1. 조건법 현재

    ① 형태: 미래어간 + 반과거의 어미

    | -rais | -rions | [rjɔ̃] |
    | -rais | -riez | [rje] |
    | -rait | -raient| [rɛ] |

    aimer → j'aimerais ...
    avoir → j'aurais ...
    finir → je finirais ...
    être → je serais ...
    faire → je ferais ...
    aller → j'irais ...

    ② 용법
    a. 현재의 사실과 반대인 가정, " ~이면 ~일 것이다."

    si + 반과거, 조건법 현재

    S'il faisait beau aujourd'hui, je ferais une promenade.
    오늘 날씨가 좋다면 나는 산책을 할 것이다.
    (Mais je ne ferai pas une promenade, car il fait

mauvais)
그러나 날씨가 나쁘기 때문에 나는 산책하지 않을 것이다.

b. 시제의 일치에 있어서 "과거에 있어서의 미래":
주절 동사가 과거시제일 때 종속절 동사의 미래는 조건법 현재가 된다.

Il m'a a dit qu'il viendrait me voir le lendemain.
그는 그 다음날 나를 보러 오겠다고 말했다.

c. 완화된 어조에서
Je veux acheter une cravate.
→ Je voudrais acheter une cravate.
나는 이 넥타이를 사고 싶습니다.

Est-ce que samedi vous conviendrez?
토요일은 괜찮으시겠습니까?

2. **Si nous** + 반과거 : 제안의 표현
Si nous faisions une promenade?
우리 산책할까요?

연습문제

1. 밑줄친 부분을 바꿔 보시오.

> **보기 A**
> S'il faisait beau aujourd'hui, je ferais une promenade.
> 오늘 날씨가 좋다면 나는 산책할 것이다.

1) _____, nous _____
2) _____, il _____
3) _____, vous _____
4) _____, ils _____

> **보기 B**
> S'il n'y avait pas d'examen, je ne resterais pas à la maison.
> 시험이 없다면, 나는 집에 머물러있지 않을 것이다.

1) _____, ils _____
2) _____, il _____
3) _____, nous _____
4) _____, vous _____

> **보기C** Si j'étais libre, je sortirais avec mes camarades.
> 나는 시간이 있으면 친구들과 외출할 것이다.

1) _____ elle _____, elle _____
2) _____ vous _____, vous _____
3) _____ ils _____, ils _____
4) _____ nous _____, nous _____

2. 보기와 같이 조건법 현재형을 활용해 보시오.

> **보기** Si j'ai le temps, je lirai ce livre.
> → Si j'avais le temps, je lirais ce livre.
> 나는 시간이 나면 이 책을 읽을 것이다.

1) Si elle travaille bien, elle réussira à l'examen.
   그녀는 열심히 공부하면 시험에 성공할 것이다.
   → _____

2) Si vous êtes riche, vous voyagerez en Europe.
   만일 당신이 부유하다면 유럽을 여행할 것이다.
   → _____

3) S'il ne pleut pas, ils viendront.
   비가 오지 않으면, 그들이 올 것이다.
   → _____

4) Si vous venez avec moi, je vous expliquerai cette affaire.
   당신이 나와 같이 간다면 이 일을 설명할 것이다.
   → _____

5) S'il n'est pas très occupé, il sortira avec Marie.
   그가 바쁘지 않다면 그는 마리와 외출할 것이다.
   → _____

3. 다음 문장을 활용해 다시 써 보시오.

> Si je n'avais pas mal à la tête, je ne resterais pas à la maison.
> 머리가 아프지 않으면 나는 집에 머물고 있지 않을 것이다.

1) 날씨가 나쁘지 않으면, 나는 집에 머물고 있지 않을 것이다.
   → _____

2) 날씨가 나쁘지 않으면, 우리는 늦지 않을 것이다.
   → _____

3) 이 차가 고장나지 않으면, 당신은 이 열차를 놓치지 않을 것이다.
   → _____

4. 보기와 같이 조건법 현재로 써 보시오.

> Je n'achèterai pas cette robe, car je n'ai pas assez d'argent.
> → Si j'avais assez d'argent, j'achèterais cette robe.
>   내가 돈이 충분하다면 이 원피스를 살 것이다.

1) Elle n'ira pas à la montagne cet été, car son père est malade.

그녀는 이번 여름 산에 가지 않을 것이다. 그의 아버지가 아프기 때문이다.
→ _____

2) Nous ne pourrons pas passer chez vous, car nous sommes en retard.
우리는 당신 집에 들르지 못할 것이다. 우리가 늦었기 때문이다.
→ _____

3) Il ne se fâche pas contre moi, car il ne comprend pas ce que je dis.
그는 내게 화내지 않는다. 내가 하는 말을 이해하지 못하기 때문이다.
→ _____

5. 간접화법으로 바꿔보시오.

보기

Il m'a dit: «Je viendrai vous voir demain.»
→ Il m'a dit qu'il viendrait me voir le lendemain.
그는 그 다음날 나를 보러 오겠다고 내게 말했다.

1) Il m'a dit: «Vous irez mieux demain.»
그는 내게 말했다, "당신은 내일 상태가 좋아질 것이다."
→ _____

2) Il nous a dit: «Je pourrai vous aider.»
그는 우리에게 말했다. "나는 당신들을 도울 수 있을 것이다."
→ _____

3) Elle m'a dit: «Je serai chez vous à cinq heures.»
그녀는 내게 말했다. "나는 5시에 당신 집에 있을 것이다."
→ _____

4) Elle nous a dit: «J'aurai congé demain.»
   그녀는 우리에게 말했다. "나는 내일 휴가를 가질 것이다."
   → _____

6. 다음과 같이 화법을 바꾸어 보시오.

> **보기**
>
> Elle m'a dit: «Mon père est malade.»
> → Elle m'a dit que son père était malade.
>   그녀는 자기 아버지가 아프다고 내게 말했다.
>
> Il m'a dit: «Je suis allé au cinéma hier.»
> → Il m'a dit qu'il était allé au cinéma la veille.
>   그는 그 전날 영화관에 갔었다고 내게 말했다.
>
> Il m'a dit: «Je finirait mon travail bientôt.»
> → Il m'a dit qu'il finirait son travail bientôt.
>   그는 자기 일을 곧 끝낼 것이라고 내게 말했다.

1) Elle m'a dit: «Je ne peux pas sortir toute seule.»
   그녀는 내게 말했다. "나는 혼자 외출할 수 없다."
   → _____

2) Il m'a dit: «Je vous verrai demain.»
   그는 내게 말했다, "내일 당신을 만나겠다."
   → _____

3) Il m'ont dit: «Nous avons discuté de cette affaire.»
   그들은 내게 말했다. "우리는 이 일에 대해 토론했다."
   → _____

4) Il m'a dit: «Vous devez travailler davantage.»
   그는 내게 말했다. "당신은 더욱 일해야 한다."
   → _____

5) Elle m'a dit: «Je suivrai votre cours de français.»
   그녀는 내게 말했다. "나는 당신의 프랑스어 강의를 들을 것이다."
   → _____

7. 다음과 같이 완곡한 말투로 바꾸어 보시오.

> **보기**
> Je veux acheter une cravate.
> → Je voudrais acheter une cravate.
> 나는 이 넥타이를 사고 싶습니다.

1) Je préfère aller à la montagne.
   나는 산에 가기를 더 좋아한다.
   → _____

2) Pouvez-vous accompagner ma fille à l'école?
   내 딸을 학교까지 데려다 줄 수 있습니까?
   → _____

3) Il faut traverser cette rue.   → _____
   이 길을 가로 질러야 한다.

4) Voulez-vous me prêter votre dictionnaire?
   당신 사전을 내게 빌려주시겠습니까?
   → _____

5) C'est merveilleux.   → _____
   기막히게 훌륭하다.

8. 밑줄친 부분을 바꾸어 보시오.

Est-ce que samedi vous conviendrait?
토요일은 괜찮으십니까?

1) 금요일 → _____
2) 내일 저녁 → _____
3) 2시 15분 → _____
4) 오후 → _____

9. 제안하는 말을 만들어 보시오.

Si nous faisions une promenade dans la forêt?
숲을 거니는 것은 어떨까요?

1) 오늘 저녁 영화관에 가는 것은 어떨까요?
   → _____

2) 커피 한잔 하는 것은 어떨까요?
   → _____

1

A. 1) S'il faisait beau aujourd'hui, nous ferions une promenade.
2) S'il faisait beau aujourd'hui, il ferait une promenade.
3) S'il faisait beau aujourd'hui, vous feriez une promenade.
4) S'il faisait beau aujourd'hui, ils feraient une promenade.

B. 1) S'il n'y avait pas d'examen, ils ne resteraient pas à la maison.
2) S'il n'y avait pas d'examen, il ne resterait pas à la maison.
3) S'il n'y avait pas d'examen, nous ne resterions pas à la maison.
4) S'il n'y avait pas d'examen, vous ne resteriez pas à la maison.

C. 1) Si elle était libre, elle sortirait avec ses camarades.
2) Si vous étiez libre, vous sortiriez avec vos camarades.
3) S'ils étaient libres, ils sortiraient avec leurs camarades.
4) Si nous étions libres, nous sortirions avec nos camarades.

2

1) Si elle travaillait bien, elle réussirait à l'examen.
2) Si vous étiez riche, vous voyageriez en Europe.
3) S'il ne pleuvait pas, ils viendraient.
4) Si vous veniez avec moi, je vous expliquerais cette affaire.
5) S'il n'était pas très occupé, il sortirait avec Marie.

3

1) S'il ne faisait pas mauvais, je ne resterais pas à la maison.
2) S'il ne faisait pas mauvais, nous ne serions pas en retard.

3) Si cette voiture n'était pas en panne, vous ne manqueriez pas le train.

4

1) Si son père n'était pas malade, elle irait à la montagne.
2) Si nous n'étions pas en retard, nous pourrions passer chez vous.
3) S'il comprenait ce que je dis, il se fâcherait contre moi.

5

1) Il m'a dit que j'irais mieux le lendemain.
2) Il nous a dit qu'il pourrait nous aider.
3) Elle m'a dit qu'elle serait chez moi à cinq heures.
4) Elle nous a dit qu'elle aurait congé le lendemain.

6

1) Elle m'a dit qu'elle ne pouvait pas sortir toute seule.
2) Il m'a dit qu'il me verrait le lendemain.
3) Ils m'ont dit qu'ils avaient discuté de cette affaire.
4) Il m'a dit que je devais travailler davantage.
5) Elle m'a dit qu'elle suivrait mon cours de français.

7

1) Je préfèrerais aller à la montagne.
2) Pourriez-vous accompagner ma fille à l'école?
3) Il faudrait traverser cette rue.
4) Voudriez-vous me prêter votre dictionnaire?
5) Ce serait merveilleux.

8

1) Est ce que vendredi vous conviendrait?
2) Est-ce que demain soir vous conviendrait?
3) Est-ce que deux heures et quart vous conviendrait?
4) Est-ce qu'après-demain vous conviendrait?

9

1) Si nous allions au cinéma ce soir?
2) Si nous prenions un café?

마가진 리테레르
(magazine littéraire)

마가진 리테레르, 이 월간 정기 간행물이 96년 하반기로 발간 30주년을 맞이했다. 이를 기념하기 위하여 펴낸 「사유에 대한 열정」이라는 특집 별책이 대중의 관심을 끌며, 말 그대로 사유에 대한 열정을 불러 일으켰다. 「마가진 리테레르」는 구조주의의 열풍이 불기 시작하던 1966년에 첫선을 보였다. 무엇보다도 독특한 편집방식으로 이 잡지는 사상계의 성좌에 자리를 잡았다. 매달 한 작가나 특별한 테마를 선정하여, 해당분야의 전문가들로 하여금 여러 각도에서 그 의미를 살펴보게 하는 것이다. 지나치게 전문적이지도, 그렇다고 표피적인 것도 아닌 이책의 성격이 프랑스 인문사회 과학계의 전반적인 침체 분위기에도 불구하고 꾸준히 대중 속에 새로운 목소리를 심는 원동력이 되었다. 따라서 이 책의 표지인물이나 테마를 살피는 것은 곧 당대 프랑스 지식인 사회의 쟁점의 역사를 확인하는 일이라고 할 수도 있다. 이 잡지의 시야가 프랑스 작가들에게만 국한된 것은 아니다. 국적을 불문하고 문학과 사상계의 문제 인물들이 「마가진 리테레르」라는 스피커를 통해 자신의 목소리를 내보낼 수 있었던 것이다.

매년 사상계의 사건을 하나씩 선정하여 그 의미를 되짚고 있는 이번의 별책은 그것 자체가 「마가진 리테레르」의 역사이자 사상계의 역사이기도 하다. 별책의 부제들이 현대사상의 명세표로 손색이 없다. 정치적으로는 냉전에서 공산주의의 붕괴에 이르기까지, 경제적으로는 소비의 신화로부터 팽배한 자유주의의 물결에 닿기까지, 학문의 제도적 입장에서 보자면 구조주의 인류학의 레비 스트로스로부터 신 역사학의 페르낭 브로델을 거쳐 컴퓨터를 위시한 과학의 시대가 대두하기까지, 사회적으로는 보수의 고리를 끊은 68년 오월의 해방을 향한 외침으로부터 서구의 경제침체와 함께 90년대에 심각하게 제기된 사회적 소외의 음울한 현실을 목도하기까지, 문화적으로는 이미지 시대의 개막으로부터 사이버문화의 창출까지 이 잡지가 펼치고 있는 정신의 날개는 크고 넓다. 사르트르, 라캉, 보들레르, 푸코, 바르트, 들뢰즈, 아롱 등의 정신이 여기저기를 동시에 가로지르며 아직도 활발히 살아 움직이고 있다.

그러나 우리의 상황과 관련하여 보다 주목할 것은, 집단성의 사회가 해체되면서 드러난 개인과 개인주의에 대한 관심이다. 불확실성이라는 세기말의 정신적 혼란에 직면한 이 개인들에게 방향을 제시하는 일이 바로 「사유에 대한 열정」이기 때문이다. 성스러운 것에 대한 종교적 갈망이 되든, 새로운 윤리학에 대한 요청이 되든 현대를 해석하고 이해하려는 사상에 대한 목마름은 갈수록 증폭되고 있다.

제 22 과

[요점정리]

<조건법 과거>

1. 형태: | avoir(또는 être) 조건법 현재 + p.p |

parler → j'aurais parlé　　nous aurions parlé
　　　　　 tu aurais parlé　　vous auriez parlé
　　　　　 il aurait parlé　　 ils auraient parlé

aller → je serais allé(e)　　nous serions allé(e)s
　　　　　tu serais allé(e)　　vous seriez allé(e)s
　　　　　il serait allé　　　 ils seraient allés

2. 용법

① 과거 사실과 반대되는 가정
"~였으면 ~였을 것이다."

| Si + 직설법 대과거, 조건법 과거 |

Si j'avais eu le temps, j'aurais fini ce travail.
시간이 있었으면 이 일을 끝냈을 것이다.
(Mais comme je n'avais pas le temps, je n'ai pas fini ce travail.)
그러나 시간이 없었기 때문에 나는 이 일을 끝내지 못했다.

② | devoir의 조건법 과거 + 동사원형 |

J'aurais dû   ⎤
Vous auriez dû   ⎦ + inf.

나는 ~했어야 한다.
당신은 ~했어야 한다.

J'aurais dû finir mes devoirs.
나는 내 과제물을 끝냈어야 한다.

Je n'aurais pas dû   ⎤
Vous n'auriez pas dû   ⎦ + inf.

나는 ~하지 말았어야 한다.
당신은 ~하지 말았어야 한다.

Vous n'auriez pas dû lui rendre sa lettre.
당신은 그녀에게 그의 편지를 전하지 말았어야 한다.

연습문제

1. 밑줄친 대명사를 바꾸어 보시오.

Si j'avais eu le tmeps, j'aurais fini ce travail.
시간이 있었으면, 나는 이 일을 끝냈을 것이다.

1) _____, il _____
2) _____, nous _____

3) _____, vous _____
4) _____, ils _____

보기 B | Si j'étais parti à l'heure, je n'aurais pas manqué le train.
나는 제 시간에 떠났으면 기차를 놓치지 않았을 것이다.

1) _____, nous _____
2) _____, il _____
3) _____, ils _____
4) _____, vous _____

보기 C | S'il avait fait beau, je serais allé me promener dans la forêt.
날씨가 좋았다면 나는 숲으로 산책하러 갔을 것이다.

1) _____, elle _____
2) _____, vous _____
3) _____, ils _____
4) _____, nous _____

2. 조건법 과거로 써 보시오.

 | Si j'avais de l'argent, j'achèterais une maison.
→ Si j'avais eu de l'argent, j'aurais acheté une maison.
돈이 있었다면, 나는 집을 샀을 것이다.

1) Si j'avais le temps, j'irais au théâtre.
   시간이 있다면, 나는 극장에 갈 것이다.
   → _____

2) Si vous parliez plus vite, les élèves ne comprendraient pas.
   당신이 더 빨리 이야기한다면 학생들은 이해하지 못할 것이다.
   → _____

3) S'il ne pleuvait pas, nous pourrions partir.
   비가 오지 않으면, 우리는 떠날 수 있을 것이다.
   → _____

4) S'ils étaient libres, ils viendraient chez nous.
   그들은 시간이 있다면, 우리집에 올 것이다.
   → _____

3. 보기와 같이 조건법 과거로 써 보시오.

> **보기**
> Je n'ai pas fini ce travail, car je n'avais pas le temps.
> → Si j'avais eu le temeps, j'aurais fini ce travail.
> 시간이 있었다면, 나는 이 일을 끝냈을 것이다.

1) Il n'a pas téléphoné à Marie, car il était trop occupé.
   그는 너무 바빠서 마리에게 전화하지 않았다.
   → _____

2) Nous ne sommes pas partis, car il pleuvait.
   비가 오고 있어서 우리는 떠나지 았았다.
   → _____

3) Il a échoué à ses examens, car il n'avait pas bien travaillé.
   그는 열심히 공부하지 않아서 시험에 실패했다.
   → _____

4) Je ne suis pas allé voir votre frère, car je ne savais pas qu'il était à Paris.
   나는 당신 형이 빠리에 있는지 알지 못해서 보러가지 않았다.
   → _____

4. 보기와 같이 다시 써 보시오.

> **보기 A**
> Vous n'avez pas fini vos devoirs?
> 과제를 끝내지 않았습니까?
> → Ah, j'aurais dû finir mes devoirs.
>   나는 과제를 끝냈어야 합니다.

> Vous lui avez parlé de cela?
> 당신은 그에게 그것에 대해 말했나요?
> → Ah, je n'aurais pas dû lui parler de cela.
>   나는 그에게 그것에 대해 말해서는 안됐습니다.

1) Vous avez fermé la porte?
   문을 닫았나요?
   → _____

2) Vous ne lui avez pas obéi?
   당신은 그에게 복종하지 않았나요?
   → _____

3) Vous n'avez pas attendu Marie?

당신은 마리를 기다리지 않았나요?

→ _____

4) Vous lui avez menti?

당신은 그에게 거짓말을 했나요?

→ _____

보기 B

> Je n'ai pas vu ce film.
> 나는 이 영화를 보지 못했다.
> → Ah, vous auriez dû voir ce film.
> 당신은 이 영화를 보았어야 한다.

> Je lui ai rendu sa lettre.
> 나는 그에게 편지를 전해 주었다.
> → Ah, vous n'auriez pas dû lui rendre sa lettre.
> 당신은 편지를 전해주지 말았어야 한다.

1) J'ai évité cette question.

나는 이 질문을 회피했다.

→ _____

2) Je ne lui ai pas cédé la place.

나는 그에게 좌석을 양보하지 않았다.

→ _____

3) Je n'ai pas cru à ses paroles.

나는 그의 말을 믿지 않았다.

→ _____

4) Je lui ai montré cette photo.
   나는 그에게 이 사진을 보여 주었다.
   → _____

5. 다음을 프랑스어로 써 보시오.

> **보기A** 부유하고 시간 여유가 있으면 무엇을 하시겠습니까?
> — 부유하고 시간 여유가 있으면 세계일주를 하겠습니다.
> Que feriez-vous si vous étiez riche et libre?
> — Si j'étais riche et libre, je ferais le tour du monde.

1) 승용차가 있다면 무엇을 하시겠습니까? — 차가 있다면 프로방스(Provence) 지역을 여행할 것입니다.
   → _____
   _____

2) 빠리에 있다면 무엇을 하시겠습니까? — 빠리에 있다면, 뤽상부르(Luxembourg)공원을 산책할 것입니다.
   → _____
   _____

3) 그렇게 바쁘지 않다면 무엇을 하겠니? — 그렇게 바쁘지 않다면, 퐁텐블로(Fontainbleau)를 산책하러 갈 것이다.
   → _____
   _____

4) 네가 더 젊다면 무엇을 하겠니? — 내가 더 젊다면 나는 요트(yacht)로 태평양(Océan Pacifique)을 횡단할 것이다.
   → _____
   _____

보기 B

뒤랑부인을 만날 기회가 있었다면, 나는 그녀를 알아볼 수 있었을 것이다.
Si j'avais eu l'occasion de voir Mme Durand, je l'aurais reconnue.

1) 그가 더 신중했더라면, 그는 행동하기 전에 심사숙고했을 것이다.(réfléchir)
   → _____

2) 내 말을 잘 들었다면, 당신은 나를 이해했을 것이다.
   → _____

3) 시간이 늦지 않았다면, 우리는 마리를 기다렸을 것이다.
   → _____

4) 내가 이 책을 읽었다면 나는 시험에 성공했을 것이다.
   → _____

해답

1

A.
1) S'il avait eu le temps, il aurait fini ce travail.
2) Si nous avions eu le temps, nous aurions fini ce travail.
3) Si vous aviez eu le temps, vous auriez fini ce travail.
4) S'ils avaient eu le temps, ils auraient fini ce travail.

B.
1) Si nous étions parties à l'heure, nous n'aurions pas manqué le train.
2) S'il était parti à l'heure, il n'aurait pas manqué le train.
3) S'ils étaient partis à l'heure, ils n'auraient pas manqué le train.
4) Si vous étiez parti à l'heure, vous n'auriez pas manqué le train.

C.
1) S'il avait fait beau, elle serait allée se promener dans la forêt.
2) S'il avait fait beau, vous seriez allé vous promener dans la forêt.
3) S'il avait fait beau, ils seraient allés se promener dans la forêt.
4) S'il avait fait beau, nous serions allées nous promener dans la forêt.

2

1) Si, j'avais eu le temps, je serais allé au théâtre.
2) Si vous aviez parlé plus vite, les élèves n'auraient pas compris.
3) S'il n'avait pas plu, nous aurions pu partir.
4) S'ils avaient été libres, ils seraient venus chez nous.

3

1) S'il n'avait pas été trop occupé, il aurait téléphoné à Marie.

2) S'il n'avait pas plu, nous serions partis.
3) S'il avait bien travaillé, il n'aurait pas échoué à ses examens.
4) Si j'avais su que votre frère était à Paris, je serais allé le voir.

4

A. 1) Aj, je n'aurais pas dû fermer la porte.
2) Ah, j'aurais dû lui obéir.
3) Ah, j'aurais dû attendre Marie.
4) Ah, je n'aurais pas dû lui mentir.

B. 1) Ah, vous n'auriez pas dû éviter cette question.
2) Ah, vous auriez dû lui céder la place.
3) Ah, vous auriez dû croire à ses paroles.
4) Ah, vous n'auriez pas dû lui montrer cette photo.

5

A. 1) Que feriez-vous si vous aviez une voiture?
Si j'avais une voiture, je voyagerais dans la région de Provence.
2) Où iriez-vous si vous étiez à Paris?
Si j'étais à Paris, je me promènerais dans le Jardin du Luxembourg.
3) Que ferais-tu si tu n'étais pas si occupé?
Si je n'étais pas si occupé, j'irais me promener à Fontainebleau.
4) Que ferais-tu si tu étais plus jeune?
Si j'étais plus jeune, je traverserais l'Océan Pacifique en yacht.

B. 1) S'il avait été plus prudent, il aurait bien réfléchi avant d'agir.
2) Si vous m'aviez bien écouté, vous m'auriez compris.
3) S'il n'avait pas été tard, nous aurions attendu Marie.
4) Si j'avais lu ce livre, j'aurais réussi à l'examen.

극우정당
'국민전선' (Front National)

'SOS인종주의'와 프랑스인만의 세상 꿈꾸는 르펜의 격돌

인종문제에 얽힌 프랑스의 흐름은 르펜과 SOS인종주의간의 격돌의 역사라 해도 과언이 아닐 것이다. 언론에 심심찮게 기삿거리를 제공하는 극우지도자 장 마리 르펜은 SOS인종주의가 지명한 공적 1호다. 1926년 브르타뉴 지방에서 태어난 르펜은 천부적인 달변과 웅변술에 힘입어 28살의 젊은 나이에 국회의원에 당선되면서 정치에 입문한다. 그가 언론의 주목을 받기 시작한 것은 국회의원의 신분으로 베트남전에 참전하면서부터다. 그 뒤 그의 철저한 반공주의와 소영웅주의는 언론에 심심찮게 기삿거리를 제공했고, 72년 자신의 분신과도 같은 국민전선(Front National)을 창당하면서 국수주의적 민족주의 이념을 설파하기 시작했다. 나치 치하에서 그가 나치 부역자였다는 항간의 폭로도 한때 시끌시끌하게 논쟁거리를 제공해주었고, 통일교 문선명의 정치자금 지원설이 나돌기도 했다.

르펜의 논리는 한마디로 '좌도 우도 아닌 프랑스인 우선'이라는 극단적 프랑스 민족주의다. 지난 95년 대통령 선거 때 그의 모토였던 '프랑스인이 최우선이다'는 '외국인은 물러가라'로 대치될 수 있다. 지난 74년 첫 대선 출마 때 0.74% 득표를 기록했던 르펜이 불과 20여년 만에 15%라는 지지세력을 확보했다는 것은 어쨌건 놀라운 정치현상이다. 더욱이 2차대전 직전 온 유럽에서 파시즘, 나치즘이 들끓을 때도 유일하게 극우운동이 나타나지 않았던 프랑스에서 오늘날 극우정당의 득표율이 다른 어느 서유럽 국가의 극우정당보다 높은 수치를 기록하고 있다는 것도 심상치 않은 일이다.

또한 실업문제 등을 미끼로 노동자층, 특히 실업자층에서 뿌리를 내리고 있는것도 큰 사회적 문제로 지적되고 있다.

극우세력의 확산이 80년대 사회당의 집권 이후 급증한 외국인 이민과 실업문제로 사회적 불만이 쌓여왔던 특수한 배경 속에서 가속되어 왔음은 부인할 수 없는 사실이다. 하지만 그 경과야 어찌됐건 중요한 것은 국민전선이 무시할 수 없는 고정표를 가지고 있는 거대 정치세력으로 자리를 잡고 있다는 현실이다. 바로 이러한 위기의 현실 속에서 나타난 또하나의 대중운동이 SOS인종주의이다. 84년 창립 뒤 꾸준히 국민전선의 이념적 실체를 폭로하기 위한 투쟁에 힘을 쏟아온 SOS인종주의의 그간의 성과에 힘입어 국민들은 이제 극우이념과 인종주의에 경각심을 가지기 시작했다. 르펜과 국민전선이 SOS인종주의를 눈엣가시처럼 여기고 있는 것은 바로 이 때문이다. 프랑스에서 르펜의 반대말이 있다면 그것은 SOS인종주의일 것이다.

"내 친구에게 손대지 마!" 는 'SOS인종주의'의 상징적 구호로 대중적인 반향을 불러 일으켰다.

제 23 과

[요점정리]

<간접화법>

1. 시제의 일치
   ① 주절동사가 현재일 때, 종속절 동사는 원래 쓰인대로 사용한다.
   Il dit: «Je suis occupé.» → Il dit qu'il est occupé.
   그는 자기가 바쁘다고 말한다.

   ② 주절동사가 과거면, 종속절 동사는 다음과 같이 일치시킨다.

   - 현재 → 반과거
     Il a dit: «Je suis occupé.» → Il a dit qu'il était occupé.
     그는 자기가 바쁘다고 말했다.

   - 과거 → 대과거
     Il a dit: «J'ai été malade.»
     → Il a dit qu'il avait été malade.
     　　그는 자기가 아팠다고 말했다.

   - 미래 → 조건법 현재
     Il a dit «Je partirai demain.»
     → Il a dit qu'il partirait le lendemain.
     　　그는 다음날 떠나겠다고 말했다.

   ▶ 주절 동사가 과거일 때 시간의 부사는 다음과 같이 바뀐다.
   demain 내일 → le lendemain 그 다음날

aujourd'hui 오늘 → ce jour-là 그날
hier 어제 → la veille 그 전날

2. 의문문
   ① Si의 사용
   Il m'a demandé: «Pouvez-vous venir?»
   → Il m'a demandé si je pouvais venir.
   　그는 내가 올 수 있느냐고 내게 물었다.

   ② 의문사가 있는 경우는 그대로 사용
   Il m'a demandé: «Où êtes-vous allé?»
   → Il m'a demandé où j'étais allé.
   　그는 내가 어디로 갔었느냐고 내게 물었다.

   의문문에서의 qu'est-ce que는 ce que, qu'est-ce qui는 ce qui가 된다.

3. 명령문
   동사원형으로 바뀌어 사용된다.
   Il m'a dit: «Partez tout de suite.»
   → Il m'a dit de partir tout de suite.
   　그는 내게 곧 떠나라고 말했다.

연습문제

1. 보기와 같이 간접화법으로 써 보시오.

>
> Il a dit: «Je suis très occupé.»
> → Il a dit qu'il était très occupé.
> 그는 자기가 매우 바쁘다고 말했다.

1) Elle a dit: «Je vais à Lyon.»
   그녀는 말했다. "나는 리용에 간다."
   → _____

2) Il a dit: «Ma fille apprend le français.»
   그는 말했다. "내 딸은 프랑스어를 배운다."
   → _____

3) Elle m'a dit: «Vous ne devez pas faire cela.»
   그녀는 내게 말했다. 당신은 그 일을 해서는 안된다.
   → _____

2. 화법을 전환시켜 보시오.

>
> Il a dit: «J'ai été très occupé hier.»
> → Il a dit qu'il avait été très occupé la veille.
> 그는 그 전날 매우 바빴다고 말했다.

1) Elle a dit: «J'ai lu ce livre.»
   그녀는 말했다. "나는 이 책을 읽었다."
   → _____

2) Il m'a dit: «Votre frère vous a attendu longtemps.»
   그는 내게 말했다. "당신 형제가 당신을 오래 기다렸습니다."
   → _____

3) Elle m'a dit: «Mon mari a été en France.»
   그녀는 내게 말했다. "내 남편은 프랑스에 있었다."
   → _____

3. 간접화법으로 써 보시오.

> **보기**
>
> Il a dit: «Je partirai demain pour Paris.»
> → Il a dit qu'il partirait le lendemain pour Paris.
> 그는 다음날 빠리로 떠나겠다고 말했다.

1) Elle a dit: «Je resterai à la maison ce soir.»
   그녀는 말했다. "나는 오늘 저녁 집에 있겠다."
   → _____

2) J'ai dit à Marie: «Je serai chez vous à cinq heures.»
   나는 마리에게 말했다. "나는 5시에 당신 집에 있을 것이다."
   → _____

3) Le docteur m'a dit: «Vous pourrez vous lever bientôt.»
   의사는 내게 말했다. "곧 일어날 수 있습니다."
   → _____

4. 보기와 같이 다시 써 보시오.

Il m'a demandé: «Pouvez-vous venir demain?»
→ Il m'a demandé si je pouvais venir le lendemain.
그는 내게 그 다음날 올 수 있는지 내게 물었다.

1) Il m'a demandé: «Est-ce que vous dormez bien?»
   그는 내게 물었다. "잠을 잘 잡니까?"
   → _____

2) J'ai demandé à Pierre: «Votre père est-il déjà parti?»
   나는 삐에르에게 물었다. "당신 아버지는 이미 떠났나요?"
   → _____

3) Elle nous a demandé: «Avez-vous le temps de jouer au tennis avec moi?»
   그녀는 우리에게 물었다. "나와 같이 테니스할 시간 있습니까?"
   → _____

4) Il m'a demandé: «Avez-vous bien travaillé»?
   그는 내게 물었다. "일을 잘 하셨나요?"
   → _____

5. 다음을 간접화법으로 바꾸시오.

Il m'a demandé: «Est-ce que vous serez libre demain?»
→ Il m'a demandé si je serais libre le lendemain.
그는 내가 그 다음날 시간이 있는지 내게 물었다.

1) Il m'a demandé: «Est-ce que je pourrai vous aider?»
   그는 내게 물었다. "당신을 도울 수 있을까요?"
   → _____

2) Il m'a demandé: «Viendrez-vous ce soir?»
   그는 내게 물었다. "오늘 저녁 오실겁니까?"
   → _____

3) Je me suis demandé: «Est-ce que mon père se rétablira un jour?»
   나는 생각해 보았다. "아버지가 조만간 완쾌하실까?"
   → _____

6. 보기와 같이 다시 써 보시오.

> **보기**
> Il m'a demandé: «Où êtes-vous allé hier?»
> → Il m'a demandé où j'étais allé la veille.
>   그는 내가 그 전날 어디 갔었느냐고 내게 물었다.

1) Elle nous a demandé: «Quand êtes-vous arrivés?»
   그녀는 우리에게 물었다. "언제 도착하셨나요?"
   → _____

2) Je me suis demandé: «Comment a-t-il pu faire cela?»
   나는 생각해 보았다. "그가 어떻게 그 일을 할 수 있었을까?"
   → _____

3) Il a demandé à Marie: «Quand partirez-vous en vacances?»
   그는 마리에게 물었다. "언제 휴가를 떠날건가요?"
   → _____

7. 다음을 간접화법으로 바꾸어 보시오.

Il m'a demandé: «Qu'est-ce que vous faites?»
→ Il m'a demandé ce que je faisais.
그는 내가 무엇을 하느냐고 내게 물었다.

1) J'ai demandé à Marie: «Qu'est-ce que vous cherchez?»
   나는 마리에게 물었다. "무엇을 찾고 있습니까?"
   → _____

2) Il nous a demandé: «Qu'est-ce qui se passe?»
   그는 우리에게 물었다. "무슨 일이지?"
   → _____

3) Il m'a demandé: «Qu'est-ce que vous avez dit à votre mère?»
   그는 내게 물었다. "당신 어머니에게 무어라고 말했나요?"
   → _____

4) Elle m'a demandé: «Qu'est-ce que vous ferez pendant les vacances»?
   그녀는 내게 물었다. "휴가기간에 무엇을 하실 겁니까?"
   → _____

5) J'ai demandé à Pierre: «Qu'est-ce qui vous est arrivé?»
   나는 삐에르에게 물었다. "무슨 일이 일어났습니까?"
   → _____

8. 보기와 같이 명령문을 다시 써 보시오.

> **보기**
> Il m'a dit: «Partez tout de suite.»
> → Il m'a dit de partir tout de suite.
> 그는 내게 곧 떠나라고 말했다.

1) Elle m'a dit: «Entrez par cette porte.»
   그녀는 내게 말했다. "이 문으로 들어가시오"
   → _____

2) Il m'a dit: «Dépêchez-vous.»
   그녀는 내게 말했다. "서두르시오"
   → _____

3) Il m'a proposé: «Faisons une promenade.»
   그는 내게 제안했다. "산책합시다."
   → _____

9. 보기와 같이 두 가지로 써 보시오.

> **보기**
> Il m'a dit: «Ne partez pas tout de suite.»
> → Il m'a dit de ne pas partir tout de suite.
> → Il m'a défendu de partir tout de suite.
> 그는 내게 곧 떠나지 말라고 했다.

1) Elle m'a dit: «Ne parlez plus de cette affaire.»
   그녀는 내게 말했다. "이 일에 대해 더 이상 말하지 마시오."
   → _____

2) Il m'a dit: «Ne vous moquez pas de moi.»
   그는 내게 말했다. "나를 놀리지 마시오."
   → _____

3) Elle a dit à ses enfants: «N'achetez pas de bonbons.»
   그녀는 자기 아이들에게 말했다. "사탕을 사지 마라."
   → _____

10, 다음의 화법을 전환시키시오.

1) Il m'a dit: «Je vous téléphonerai demain.»
   그는 내게 말했다. "내일 전화하겠습니다."
   → _____

2) Il m'a demandé:«Pourquoi as-tu pleuré?»
   그는 내게 물었다. "왜 울었니?"
   → _____

3) Elle m'a demandé: «Qu'est-ce que c'est?»
   그녀는 내게 물었다. "이게 무엇이지?"
   → _____

4) Ma mère m'a dit: «Ne fais pas deux choses à la fois.»
   어머니가 내게 말했다. "두 가지 일을 동시에 하지 마라."
   → _____

5) J'ai demandé à Marie: «Avez-vous lu ce roman?»
   나는 마리에게 물었다. "이 소설 읽었나요?"
   → _____

6) Il m'a demandé: «Quand serez-vous de retour?»
   그는 내게 물었다. "언제 돌아오실건가요?"
   → _____

해답

1
1) Elle a dit qu'elle allait à Lyon.
2) Il a dit que sa fille apprenait le français.
3) Elle m'a dit que je ne devais pas faire cela.

2
1) Elle a dit qu'elle avait lu ce livre.
2) Il m'a dit que mon frère m'avait attendu longtemps.
3) Elle m'a dit que son mari avait été en France.

3
1) Elle a dit qu'elle resterait à la maison ce soir-là.
2) J'ai dit à Marie que je serais chez elle à cinq heures.
3) Le docteur m'a dit que je pourrais me lever bientôt.

4
1) Il m'a demandé si je dormais bien.
2) J'ai demandé à Pierre si son père était déjà parti.
3) Elle nous a demandé si nous avions le temps de jouer au tennis avec elle.
4) Il m'a demandé si j'avais bien travaillé.

5
1) Il m'a demandé s'il pourrait m'aider.
2) Il m'a demandé si je viendrais ce soir-là.
3) Je me suis demandé si mon père se rétablirait un jour.

6
1) Elle nous a demandé quand nous étions arrivés.
2) Je me suis demandé comment il avait pu faire cela.
3) Il a demandé à Marie quand elle partirait en vacances.

7
1) J'ai demandé à Marie ce qu'elle cherchait.
2) Il nous a demandé ce qui se passait.

3) Il m'a demandé ce que j'avais dit à ma mère.
4) Elle m'a demandé ce que je ferais pendant les vacances.
5) J'ai demandé à Pierre ce qui lui était arrivé.

8
1) Elle m'a dit d'entrer par cette porte.
2) Il m'a dit de me dépêcher.
3) Il m'a proposé de faire une promenade.

9
1) Elle m'a dit de ne plus parler de cette affaire.
   Elle m'a défendu de parler davantage de cette affaire.
2) Il m'a dit de ne pas me moquer de lui.
   Il m'a défendu de me moquer de lui.
3) Elle a dit à ses enfants de ne pas acheter de bonbons.
   Elle a défendu à ses enfants d'achecter des bonbons.

10
1) Il m'a dit qu'il me téléphonerait le lendemain.
2) Il m'a demandé pourquoi j'avais pleuré.
3) Elle m'a demandé ce que c'était.
4) Ma mère m'a dit de ne pas faire deux choses à la fois.
   Ma mère m'a défendu de faire deux choses à la fois.
5) J'ai demandé à Marie si elle avait lu ce roman.
6) Il m'a demandé quand je serais de retour.

부르고뉴 지방

부르고뉴는 보르도와 버금가는 와인 명산지다. 세련되고 우아한 보르도 와인을 「여왕」이라하고, 힘있고 감칠맛 있는 부르고뉴 와인을 「왕」이라고 한다.
이 지방의 포도원은 프랑스 혁명때 수도원 재산을 정부에서 몰수하여 소규모로 분할하였기 때문에 각각의 수확량은 적다. 그 결과, 네고시앙(négociant)이라고 불리는 술 상인이 영세한 재배자들로부터 포도를 사들여 양조하는 것이 일반화 됐고 마을(코뮨) 이름보다 술상인의 이름을 중시한다.

- 샤블리(Chablis) : 뷰르고뉴 지방 최대의 재배지가 샤브리다. 섬세한 과일 향에, 약간 드라이하다. 굴과 해산물 요리에 잘 어울린다.
- 코트도르(Côte-Dore) : 디종남쪽에서 산토네에 이르는 지역. 디종에 가까울수록 남성적이고, 남쪽으로 내려갈수록 색조가 옅어지고 맛도 순해진다. 로마네콘티는 세계적으로 가장 이름난 적포도주. 오래 둘수록 점점 그 맛이 깊어진다.
- 마고네 : 푸이이 퓌세(Pouilly-Fuissé)와 생 베랑(St. Veran)등 좋은 품질의 백포도주를 만든다. 녹색을 띤 황금색의 빛이 있는 것으로 인기가 있다.
- 보졸레 : 부르고뉴의 다른 지역은 석회질인데 비하여 이곳은 화강암질이다. 포도 품종도 가메이로, 다른 곳과 다르다. 적포도주이지만 약 11도 정도로 차게하여 마시는 편이 맛이 있다.
- 크렘 카시스(Crème de cassis) : 디종 북부에서 자생하는 소관목 카시스 열매로 만든 리큐르. 스트레이트로 마시기는 어렵지만 백포도주에 섞어서 마시면 아주 신선하며, 설탕을 섞어 셔벗을 만든다.

부르고뉴는 프랑스의 식품 창고라고 불리는 곳이다. 폭넓은 소느론 계곡 평야 서쪽으로 이어지는 구릉은 황금의 언덕, 코트도르(Cote-Dore)라고 불린다. 석회암 지층과 차가운 서풍을 가로막는 남쪽 또는 남동쪽 비탈 언덕에 천하에 이름을 떨친 포도주가 풍요한 부를 약속하여 왔기 때문이다.
자동차가 달리는 강가 언덕은 연록의 포도밭과 사이 사이 그림처럼 떠 있는 농가 풍경이 그림엽서 같은 곳이다.

제 24 과

[요점정리]

1. 부정구문
   ① ne ... pas ~이 아니다.
      Je ne connais pas ce garçon.   나는 이 소년을 모른다.
   - 복합시제에서는 조동사를 ne ~ pas 로 씌운다.
      Je n'ai pas travaillé hier soir.
      나는 어제 저녁에 일하지 않았다.

   ② ne ... pas encore 아직 ~ 아니다.
      Ce travail n'est pas encore fini.
      이 일은 아직 끝나지 않았다.
   - ne ... pas du tout 전혀 ~ 아니다.
      Je ne sais pas du tout.   나는 전혀 모른다.

   ③ ne + 부정의 부사
   - ne ... plus 더 이상 ~ 아니다.
      Je n'ai plus d'argent.   나는 더 이상 돈이 없다.
   - ne ... point 조금도 ~ 아니다.
      Je ne veux point discuter avec vous.
      나는 당신과 전혀 논의하고 싶지 않다.
   - ne ... jamais 절대로 ~ 아니다.
      Je n'irai jamais en France.
      나는 절대로 프랑스에 가지 않겠다.
   - ne ... guère 거의 ~ 아니다.
      Je ne le vois guère.
      나는 그를 거의 보지 못한다.

- ne ... ni ... ni ~도 ~도 아니다.
  Je n'ai ni allumettes ni briquet.
  나는 성냥도 라이터도 없다.

④ ne + 부정의 대명사
- ne ... personne 아무도~ 아니다.
  Je ne connais personne. 나는 아무도 모른다.
- ne ... rien 전혀 ~ 아니다.
  Je ne cherche rien. 나는 아무것도 찾지 않는다.
- rien, quelque chose, quelqu'un은 「de + 형용사」로 쓰인다.
  Y a-t-il quelque chose d'intéressant dans les journaux? 신문에 재미있는 어떤 것이 있습니까?

⑤ ne + 부정의 형용사
- ne ... nul(le) 조금도 ~ 아니다.
  Je ne les trouve nulle part.
  나는 그들을 아무데서도 보지 못한다.
- ne ... aucun(e) 전혀 ~ 아니다.
  Il n'y a aucune difficulté dans ce texte.
  이 텍스트에는 어떠한 어려움도 없다.

2. **ne ... que = seulement** ~ 뿐.
   Elle ne pense qu' à Pierre. 그녀는 삐에르만 생각한다.

3. **n'avoir qu' à + 동사원형**: ~하기만 하면된다.
   Si vous voulez réussir, vous n'avez qu' à travailler.
   성공하기를 원하면 일하기만 하면 됩니다.

연습문제

1. 다음 질문에 부정으로 답하시오.

> **보기 A**
>
> Votre travail est-il déjà fini? → Non, il n'est pas encore fini.
> 당신의 일은 이미 끝났습니까? → 아니오, 아직 안끝났습니다.

1) Es-tu déjà prête? → _____
   너는 벌써 준비되었니?

2) Sont-ils déjà partis? → _____
   그들은 이미 떠났나요?

3) Avez-vous déjà appris ce texte?
   당신은 이 교재를 이미 배웠나요?
   → _____

4) S'est-elle déjà mariée? → _____
   그녀는 벌써 결혼했나요?

> **보기 B**
>
> Avez-vous encore de l'argent? → Non, je n'en ai plus.
> 당신은 아직 돈이 있습니까?   아니오, 더 이상 없습니다.

1) Y a-t-il encore de l'essence? → _____
   휘발유가 아직 있습니까?

2) Est-il toujours aux Etats-Unis?
   그는 계속 미국에 있습니까?
   → _____

3) Aimez-vous toujours le café noir?
   당신은 늘 블랙커피를 좋아하십니까?
   → _____

4) Votre père est-il toujours fâché?
   당신 아버지는 늘 화가 나 있습니까?
   → _____

보기 C
> Est-ce que vous irez un jour en France?
> 당신은 언젠가 프랑스에 갈 것입니까?
> → Non, je n'irai jamais en France.
>   아니오, 절대로 가지 않을 것입니다.

1) Je la reverrai un jour?
   나는 그녀를 언젠가 만날 것인가요?
   → _____

2) Etes-vous jamais allé en Europe?
   당신은 유럽에 갔던 적이 있습니까?
   → _____

3) Lisez-vous quelquefois des romans français?
   이따금 프랑스 소설을 읽으십니까?
   → _____

4) Avez-vous jamais été en Algérie?
   알제리에 갔던 적이 있습니까?
   → _____

보기 D

Avez-vous des allumettes ou un briquet?
성냥이나 라이터 있습니까?
→ Non, je n'ai ni allumettes ni briquet.
　나는 성냥도 라이터도 없습니다.

1) Aime-t-il Marie ou Hélène?
그는 마리를 좋아합니까? 엘렌을 좋아합니까?
→ _____

2) Est-elle heureuse ou malheureuse?
그녀는 행복합니까? 불행합니까?
→ _____

3) Savez-vous parler anglais ou français?
당신은 영어나 프랑스어를 말할 줄 압니까?
→ _____

4) Y a-t-il du vin ou de la bière dans le réfrigérateur?
냉장고에 포도주나 맥주 있습니까?
→ _____

보기 E

Connaissez-vous quelqu'un ici?
이곳에 누군가를 아십니까?
→ Non, je ne connais personne ici.
　아니오, 아무도 모릅니다.

1) Y a-t-il quelqu'un dans la maison?
집에 누군가가 있습니까?
→ _____

2) Quelqu'un est venu ce matin?
   오늘 아침에 누군가가 왔습니까?
   → _____

3) Aimez-vous quelqu'un?
   누군가를 사랑하십니까?
   → _____

4) En avez-vous parlé à quelqu'un?
   그것에 대해 누군가에게 말했습니까?
   → _____

보기 F
> Cherchez-vous quelque chose?
> 무언가를 찾으십니까?
> → Non, je ne cherche rien.
>   아니오, 아무것도 찾지 않습니다.

1) Voyez-vous quelque chose là?
   거기서 무언가를 보십니까?
   → _____

2) Y a-t-il quelque chose d'intéressant dans les journaux?
   신문에 무언가 재미있는 것이 있습니까?
   → _____

3) Voulez-vous me dire quelque chose?
   내게 무언가를 말하고 싶으신가요?
   → _____

4) Quelque chose s'est cassé?
   무언가가 깨졌습니까?
   → _____

Trouvez-vous quelque part mes livres?
어디선가 내 책들을 찾았습니까?
→ Non, je ne les trouve nulle part.
아니오, 아무데서도 찾지 못합니다.

1) Avez-vous vu quelque part ma fille?
   어디선가 내 딸을 보았습니까?
   → _____

2) Allez-vous quelque part cet été?
   올 여름에 어딘가로 가십니까?
   → _____

3) Trouves-tu quelque part ma clé?
   어디선가 내 열쇠를 찾았니?
   → _____

2. 다음을 프랑스어로 쓰시오.

이 교재에는 전혀 어려운 것이 없다.
Il n'y a aucune difficulté dans ce texte.

1) 이 일(affaire)에는 어떤 문제도 없다.
   → _____

2) 그것은 전혀 중요하지 않다.
   → _____

3) 이 두 문제간에는 어떤 관계도 없다.
   → _____

보기 B 나는 방에서 내 친구들 중에서 아무도 찾지 못했다.
Je n'ai trouvé aucune de mes amies dans la salle.

1) 나는 이 부인들 중에서 아무도 알지 못한다.
   → _____

2) 이 그림들 중 어느것도 내 마음에 들지 않는다.
   → _____

3) 그의 친구들 중에서 아무도 회의에 오지 않았다.
   → _____

3. **ne ... que**를 이용해 다시 써 보시오.

보기 Elle pense seulement à Pierre.
→ Elle ne pense qu'à Pierre.
그녀는 삐에르만 생각한다.

1) J'ai entendu seulement ce bruit.
   나는 이 소음만을 들었다.
   → _____

2) Il a parlé seulement de vous.
   그는 당신에 대해서만 말했다.
   → _____

3) Elle prend seulement une tasse de café au petit déjeuner.
   그녀는 아침식사로 커피 한 잔만을 든다.
   → _____

4) Nous avons commencé à étudier le français seulement depuis un an.
우리는 1년 전에 프랑스어 공부를 시작했을 뿐이다.
→ _____

4. 다음을 프랑스어로 써 보시오.

보기 A
나는 그를 거의 보지 못한다.
Je ne le vois guère.

1) 그는 여기 거의 오지 않는다.
→ _____

2) 당신은 거의 일하지 않았다.
→ _____

3) 그는 그 일을 할 용기가 거의 없다.
→ _____

보기 B
당신이 성공하기를 원한다면 일하는 수 밖에 없다.
Si vous voulez réussir, vous n'avez qu'à travailler.

1) 역까지 가기를 원한다면, 당신은 이 길을 따라가야만 한다.
→ _____

2) 무언가를 원한다면, 내게 물어보아야 한다.
→ _____

3) 당신이 사장(directeur)을 만나기를 원한다면, 조금 기다려야만 한다.
→ _____

1

A. 1) Non, je ne suis pas encore prête.
   2) Non, ils ne sont pas encore partis.
   3) Non, je n'ai pas encore appris ce texte.
   4) Non, elle ne s'est pas encore mariée.

B. 1) Non, il n'y en a plus.
   2) Non, il n'est plus aux Etats-Unis.
   3) Non, je n'aime plus le café noir.
      (Non, je ne l'aime plus.)
   4) Non, il n'est plus fâché. (Non, il ne l'est plus.)

C. 1) Non, vous ne la reverrez jamais.
   2) Non, je ne suis jamais allé en Europe.
      (Non, je n'y suis jamais allé.)
   3) Non, je ne lis jamais de romans français.
      (Non, je n'en lis jamais.)
   4) Non, je n'ai jamais été en Algérie.
      (Non, je n'y ai jamais été)

D. 1) Non, il n'aime ni Marie ni Hélène.
   2) Non, elle n'est ni heureuse ni malheureuse.
   3) Non, je ne sais parler ni anglais ni français.
   4) Non, il n'y a ni vin ni bière dans le réfrigérateur.

E. 1) Non, il n'y a personne dans la maison.
   2) Non, personne n'est venu ce matin.
   3) Non, je n'aime personne.
   4) Non, je n'en ai parlé à personne.

F. 1) Non, je ne vois rien là.
   2) Non, il n'y a rien d'intéressant dans les journaux.
   3) Non, je ne veux rien vous dire.
   4) Non, rien ne s'est cassé.

G. 1) Non, je ne l'ai vue nulle part.
   2) Non, je ne vais nulle part cet été.
   3) Non, je ne la trouve nulle part.

2

A. 1) Il n'y a aucun problème dans cette affaire.
   2) Cela n'a aucune importance.
   3) Il n'y a aucun rapport entre ces deux problèmes.

B. 1) Je ne connais aucune de ces dames.
   2) Aucun de ces tableaux ne me plaît.
   3) Aucun de ses amis n'est venu à la réunion.

3

1) Je n'ai entendu que ce bruit.
2) Il n'a parlé que de vous.
3) Elle ne prend qu'une tasse de café au petit déjeuner.
4) Nous n'avons commencé à étudier le français que depuis un an.

4

A. 1) Il ne vient guère ici.
   2) Vous n'avez guère travaillé.
   3) Il n'a guère le courage de le faire.

B. 1) Si vous voulez aller à la gare, vous n'avez qu'à suivre cette rue.
   2) Si vous voulez quelque chose, vous n'avez qu'à me demander.
   3) Si vous voulez voir le directeur, vous n'avez qu'à attendre un peu.

퐁피두센터

빠리 중심가의 명물로 대중의 인기를 누려 온 퐁피두센터가 보수와 개편작업을 위해 97년 9월부터 2년여동안 부분 폐쇄된다.

또 이 기간동안 보수작업과 아울러 하루 2만5천명에 이르는 관객들을 좀더 효율적으로 관리하기 위한 구조개편도 병행될 예정이다.

특이한 외관의 7층짜리 이 건물에서는 현재 페인트칠이 벗겨지거나 표면이 떨어져 나간 곳이 눈에 뜨이며 파이프 일부에서는 물이 새고 있다. 이 때문에 총 2억2천만달러가 소요될 퐁피두센터 단장계획을 둘러싸고 항간에서는 건물붕괴를 막기 위한 것이라는 추측도 나돌고 있다. 그러나 건축초기부터 관여해온 건축가 랑조피아노는 이를 '터무니없는 억측'이라고 일축했다.

퐁피두센터는 당초 수용인원을 하루 5천명으로 잡고 세워졌으나 개가식도서관, 영화, 비디오전시관, 상설미술관과 임시전람회장 등에 그 다섯배나되는 인파가 몰리고 잇는 실정이다.

이 규모는 에펠탑 관람객보다도 많다.

청색, 백색, 적색의 파이프들이 상하로 배열돼 있는 기이한 공장같은 건물모양에 처음에는 조소와 비판이 쏟아졌지만 지금은 프랑스에서 가장 굳건한 문화이정표의 하나로 우뚝 서 있다. 지난해 여름의 프란시스 베이컨 작품 전시회 같은 대행사에는 기록적 인파가 몰려 큰 성황을 이뤘다.

장 자크 엘라공 퐁피두관장은 "세계제일의 현대성과 탐색, 모험의 전시장으로서의 위치를 되찾으려는 것이 퐁피두센터 새단장사업의 취지"라면서 "보수공사는 97년 9월 착공돼 99년 12월 31일 이전에 끝날 것"이라고 밝혔다.

제 25 과

[요점정리]

〈접속법〉

1. 형태

A. 접속법 현재

① je, tu, il(elle), ils(elles)

직설법현재 ils의 어미 ent를 e, es, e, ent로 바꾼다.

-e	-ions	[jɔ̃]
-es	-iez	[je]
-e	-ent	[-]

② nous, vous는 직설법 반과거를 사용한다.

예외

avoir → que j'aie, tu aies, il ait, nous ayons, vous ayez, ils aient

être → que je sois, tu sois, il soit, nous soyons, vous soyez, ils soient

aller → que j'aille, ... que nous allions

faire → que je fasse, ... que nous fassions

pouvoir → que je puisse, ... que nous puissions

savoir → que je sache, ... que nous sachions

B. 접속법 과거

> avoir(또는 être)의 접속법 현재 + p.p

parler → que j'aie parlé
aller → que je sois allé(e)

2. 용법

① 주절동사가 의지, 의심, 감정(기쁨, 슬픔, 두려움, 놀라움) 등을 나타낼 때 종속절 동사는 접속법으로 사용된다.
주절·종속절의 주어가 같을 때는 동사원형을 사용한다.
Je voudrais finir ce travail.
나는 이 일을 끝내고 싶습니다.
Je voudrais que vous finissiez ce travail.
나는 당신이 이 일을 끝내시기를 바랍니다.

② 비인칭구문
- Il faut que ...   ~해야 한다.
  Il faut que j'aille à Paris.
  나는 빠리에 가야한다.
- il vaut mieux que ...   ~하는 것이 더 낫다.
  il est normal que ...   ~는 당연하다
  il est possible que ...   ~는 가능하다

③ 주절이 판단을 나타내는 동사의 의문·부정을 종속절이 불확실한 사실로 나타낼 때.
Je ne crois pas qu'elle soit malade.
나는 그녀가 아프다고 생각하지 않는다.

연습문제

1. 밑줄친 부분을 바꾸어 보시오.

보기 A

Il préfère que je passe mes vacances à la campagne.
그는 내가 휴가를 시골에서 보내기를 더 좋아한다.

1) _____ Georges _____
2) _____ ses enfants _____
3) _____ vous _____
4) _____ nous _____

보기 B

Elle souhaite que je réussisse.
그녀는 내가 성공하기를 바란다.

1) _____ ses camarades _____
2) _____ vous _____
2) _____ il _____
4) _____ nous _____

보기 C

Il veut que je le fasse.
그는 내가 그 일을 하기 바란다.

1) _____ vous _____
2) _____ Pierre _____
3) _____ ils _____
4) _____ nous _____

보기 D   Il doute que je puisse parler français.
그는 내가 프랑스어를 말할 수 있을지 의심한다.

1) _____ nous _____
2) _____ Marie _____
3) _____ vous _____
4) _____ mes élèves _____

보기 E   Il faut que j'aille à Paris.
나는 빠리에 가야 한다.

1) _____ il _____
2) _____ vous _____
3) _____ nous _____
4) _____ ils _____

2. 보기와 같이 접속법을 이용해 써 보시오.

   Je voudrais finir ce travail. (vous)
→ Je voudrais que vous finissiez ce travail.
나는 당신이 이 일을 끝내기를 바란다.

1) Je veux comprendre ce texte. (ils)
   나는 이 텍스트를 이해하길 원한다.
   → _____

2) Voulez-vous lire ce livre? (je)
   이 책을 읽고 싶으세요?
   → _____

3) Je suis content d'être en France. (vous)
   나는 프랑스에 있어서 만족해 한다.
   → _____

4) Je doute de pouvoir venir ce soir. (Paul)
   나는 오늘 저녁에 올 수 있을지 회의적이다.
   → _____

5) Elle a peur de se perdre. (ses enfants)
   그녀는 길을 잃을까 두려워 한다.
   → _____

3. 다음과 같이 한 문장으로 연결시키시오.

| Il va en France. C'est nécessaire.
→ Il est nécessaire qu'il aille en France.
   그는 프랑스에 가는 것이 필요하다.

1) Elle viendra ce soir. C'est impossible.
   그녀는 오늘 저녁에 올 것이다. 그것은 불가능하다.
   → _____

2) Il veut partir. C'est naturel.
그는 떠나고 싶어한다. 그것은 자연스러운 일이다.
→ _____

3) Vous êtes fâché. C'est normal.
당신은 화가났다. 그것은 당연하다.
→ _____

4) Il ne tiendra pas ses promesses. C'est possible.
그는 약속을 지키지 않을 것이다. 그것은 가능하다.
→ _____

4. 다음과 같이 접속법을 써 보시오.

> **보기**　　Je pars. Il le faut. → Il faut que je parte.
> 　　　　　　　　　　나는 떠나야 한다.

1) Allez-y. Je le veux. → _____
계속하시오. 나는 그것을 원합니다.

2) Il fera froid. Je le crains.
날씨가 추울 것이다. 나는 그것을 우려한다.
→ _____

3) Il gagnera. Je le souhaite.
그가 이길 것이다. 나는 그것을 바란다.
→ _____

4) Elle perdra sa place. J'en ai peur.
그녀는 자기 자리를 잃을 것이다. 나는 그것을 두려워한다.
→ _____

5. 보기와 같이 다시 써 보시오.

> Il vous faut partir tout de suite.
> → Il faut que vous partiez tout de suite.
> 당신은 곧 떠나야 합니다.

1) Il me faut aller chercher ma tante à la gare.
   나는 역으로 아주머니를 찾으러 가야한다.
   → _____

2) Il vous faut savoir la vérité.
   당신은 진실을 알아야 한다.
   → _____

3) Il nous est impossible de penser toujours en français.
   우리가 항상 프랑스어로 생각하는 것은 불가능하다.
   → _____

4) Il m'est impossible de rester longtemps à Paris.
   내가 오랫동안 빠리에 머무는 것은 불가능하다.
   → _____

6. 다음 질문에 부정으로 답하시오.

> Voulez-vous que je vous donne ce livre?
> 내가 이 책을 당신께 드리길 바랍니까?
> → Non, ce n'est pas la peine que vous me
>   donniez ce livre.
>   그러실 필요는 없습니다.

1) Voulez-vous que je vous attende?
   내가 당신을 기다리길 바라십니까?
   → _____

2) Voulez-vous que je vous écrive souvent?
   내가 당신께 자주 편지하기를 바라십니까?
   → _____

3) Voulez-vous que je vous envoie ce paquet?
   내가 당신께 이 소포 보내기를 원하십니까?
   → _____

7. 밑줄친 부분을 바꾸어 보시오.

   보기 A   Il importe que j'aie fait cela.
   내가 이 일을 한 것은 중요하다.

   1) _____ elle _____
   2) _____ nous _____
   3) _____ ils _____
   4) _____ vous _____
   5) _____ tu _____

   보기 B   Elle ne croit pas que je sois parti hier.
   그녀는 내가 어제 떠났다고 생각하지 않는다.

   1) _____ nous _____

2) _____ il _____

3) _____ vous _____

4) _____ ils _____

8. 보기와 같이 시제를 바꿔 보시오.

> Je doute qu'il finisse son travail.
> → Je doute qu'il ait fini son travail.
>   나는 그가 자기 일을 했는지 의심한다.

1) Je doute que vous lisiez ce livre.
   나는 당신이 이 책을 읽는지 의심한다.
   → _____

2) Croyez-vous qu'il revienne de Paris?
   그가 빠리에서 돌아온다고 생각하십니까?
   → _____

3) Il est impossible qu'ils le fassent.
   그들이 그 일을 하는 것은 불가능하다.
   → _____

9. 보기와 같이 접속법을 이용해 보시오.

> Je regrette d'avoir fait cette bêtise. (vous)
> → Je regrette que vous ayez fait cette bêtise.
>   나는 당신이 그런 멍청한 짓을 한 것을 유감으로 생각한다.

1) Je suis content d'avoir réussi à l'examen. (il)
   나는 시험에 성공해서 만족해 한다.
   → _____

2) Il regrette d'être venu trop tard. (vous)
   그는 너무 늦게 온 것을 후회한다.
   → _____

3) Je regrette de vous avoir dérangé. (mes enfants)
   나는 당신 일을 방해한 것을 후회한다.
   → _____

10. 보기와 같이 부정, 의문문을 만들어 보시오.

> **보기 A**
> Je crois qu'elle est malade.
> → Je ne crois pas qu'elle soit malade.
>   나는 그녀가 아프다고 생각하지 않는다.

1) Je crois qu'il sait mon numéro de téléphone.
   나는 그가 내 전화번호를 알고 있다고 생각한다.
   → _____

2) Je crois qu'il est déjà parti.
   나는 그가 이미 떠났다고 생각한다.
   → _____

3) Je crois qu'elle a appris ce texte par cœur.
   나는 그녀가 이 텍스트를 외웠다고 생각한다.
   → _____

보기 B

> Il a écrit cet article. Le croyez-vous?
> → Croyez-vous qu'il ait écrit cet article?
> 그가 이 기사를 썼다고 생각하십니까?

1) Il faut partir. Le croyez-vous?
   떠나야합니다. 그렇다고 생각하세요?
   → _____

2) Il dit la vérité. Le croyez-vous?
   그는 진실을 말합니다. 그렇다고 생각하세요?
   → _____

3) Elle est déjà revenue de Paris. Le croyez-vous?
   그녀는 이미 빠리에서 돌아왔습니다. 그렇다고 생각하세요?
   → _____

해답

1

A.
1) Il préfère que Georges passe ses vacances à la campagne.
2) Il préfère que ses enfants passent leurs vacances à la campagne.
3) Il préfère que vous passiez vos vacances à la campagne.
4) Il préfère que nous passions nos vacances à la campagne.

B.
1) Elle souhaite que ses camarades réussissent.
2) Elle souhaite que vous réussissiez.
3) Elle souhaite qu'il réussisse.
4) Elle souhaite que nous réussissions.

C.
1) Il veut que vous le fassiez.
2) Il veut que Pierre le fasse.
3) Il veut qu'ils le fassent.
4) Il veut que nous le fassions.

D.
1) Il doute que nous puissions parler français.
2) Il doute que Marie puisse parler français.
3) Il doute que vous puissiez parler français.
4) Il doute que mes élèves puissent parler français.

E.
1) Il faut qu'il aille à Paris.
2) Il faut que vous alliez à Paris.
3) Il faut que nous allions à Paris.
4) Il faut qu'ils aillent à Paris.

2

1) Je veux qu'ils comprennent ce texte.
2) Voulez-vous que je lise ce livre?
3) Je suis content que vous soyez en France.

4) Je doute que Paul puisse venir ce soir.
5) Elle a peur que ses enfants (ne) se perdent.

3
1) Il est impossible qu'elle vienne ce soir.
2) Il est naturel qu'il veuille partir.
3) Il est normal que vous soyez fâché.
4) Il est possible qu'il ne tienne pas ses promesses.

4
1) Je veux que vous y alliez.
2) Je crains qu'il (ne) fasse froid.
3) Je souhaite qu'il gagne.
4) J'ai peur qu'elle (ne) perde sa place.

5
1) Il faut que j'aille chercher ma tante à la gare.
2) Il faut que vous sachiez la vérité.
3) Il est impossible que nous pensions toujours en français.
4) Il est impossible que je reste longtemps à Paris.

6
1) Non, ce n'est pas la peine que vous m'attendiez.
2) Non, ce n'est pas la peine que vous m'écriviez souvent.
3) Non, ce n'est pas la peine que vous m'envoyiez ce paquet.

7
A. 1) Il importe qu'elle ait fait cela.
2) Il importe que nous ayons fait cela.
3) Il importe qu'ils aient fait cela.
4) Il importe que vous ayez fait cela.
5) Il importe que tu aies fait cela.
B. 1) Elle ne croit pas que nous soyons partis hier.
2) Elle ne croit pas qu'il soit parti hier.
3) Elle ne croit pas que vous soyez parti hier.
4) Elle ne croit pas qu'ils soient partis hier.

8
1) Je doute que vous ayez lu ce livre.
2) Croyez-vous qu'il soit revenu de Paris?
3) Il est impossible qu'ils l'aient fait.

9
1) Je suis content qu'il ait réussi à l'examen.
2) Il regrette que vous soyez venu trop tard.
3) Je regrette que mes enfants vous aient dérangé.

10
A. 1) Je ne crois pas qu'il sache mon numéro de téléphone.
2) Je ne crois pas qu'il soit déjà parti.
3) Je ne crois pas qu'elle ait appris ce texte par cœur.
B. 1) Croyez-vous qu'il faille partir?
2) Croyez-vous qu'il dise la vérité?
3) Croyez-vous qu'elle soit déjà revenue de Paris?

프랑스인의 건강

국민 건강에 관한한 프랑스가 남북 두 개의 프랑스로 분열하고 있다.

프랑스 의료보험협회 보고서에 의하면 프랑스 중부 지방을 가로지르는 로아르 강을 기준으로 프랑스의 북부 지방 사람들은 남부 지방 사람들의 평균 수명보다 4년이나 짧은 것으로 드러났다. 이 보고서가 밝힌 95년 프랑스인의 평균 수명은 남자가 73.8세, 여자가 81.9세인데 북쪽 지방 특히 도버 해협 부근의 칼레 지방 사람들의 평균수명은 남부 지방의 1970년대 수준인 69.7세에 불과하다.

프랑스 남북지방간의 경제격차가 그대로 이 지방 사람들의 평균 수명에 반영되고 있는 것이다. 그러나 보고서는 여기에는 경제 격차만이 아니라 음식문화와 생활습관의 차이가 작용하고 있는 듯하며, 특히 햇빛이 인간 수명에 어느 정도의 영향력을 미치는지를 보여주고 있다고 말하고 있다.

무엇보다 의료시설의 차이가 수명의 장단에 직접 관계가 있음도 이 보고서에 드러나고 있다. 북쪽지방에는 인구 10만명당 의사 수가 2백95명인데 비해 빠리와 지중해 지방 및 알자스 지방은 3백명에서 3백80명에 이르고 있다.

이 보고서는 지난 10년 사이 노인 사망자 수는 줄어든 반면 25세에서 44세까지의 남성 사망자 수가 크게 늘어난 새로운 현상이 빚어지고 있다며 그 원인으로 알코올, 흡연, 자살, 교통사고, 에이즈를 들고 있다.

프랑스인 남자 평균수명과 여자 평균수명 사이에 큰 차이가 벌어지고 있는 것도 이 때문이라는 것이다. 프랑스의 연간 사망자 수는 83년의 56만명에서 93년에는 53만2천명으로, 출생자 수는 70년의 78만5천명에서 94년의 71만1천명으로 집계되고 있다.

이 보고서에 따르면 프랑스인들의 제1의 사망 원인은 심근경색과 뇌질환이고 그 다음이 암인데 암 사망의 경우 폐암, 전립선암, 대장·소장암의 순서이다. 또 심근경색과 뇌질환이 노인들에게 타격을 주고 있는데 비해 암은 55세에서 64세까지의 연령층에 타격을 주고 있고 65세 이전에 사망하는 프랑스인이 전체 사망자의 23%를 차지하고 있다.

또 해마다 프랑스 남자 2만명과 여자 5천명이 알코올로 인해 숨지고 6만명이 흡연으로 사망하고 있는 것으로 나타나고 있다.

제 26 과

[요점정리]

〈접속법〉

1. 형용사 절에서

   ① 선행사가 최상급, 유일함 또는 첫 번째, 마지막을 나타낼 때
   (seul, unique, premier, dernier 등)

   C'est le meilleur dictionnaire que je connaisse.
   이것이 내가 알고 있는 가장 훌륭한 사전이다.

   ② 선행사가 rien, personne 등의 대명사일 때

   Il n'y a personne qui soit content de ce résultat.
   이 결과에 만족해 하는 사람은 아무도 없다.

   ③ 주절동사가 chercher, désirer, demander이고 부정관사, 부분관사, 수사, plusieurs등이 이끄는 선행사를 목적어로 할 때.
   선행사를 정관사, 지시, 소유형용사등이 이끌 때는 직설법.

   Je cherche la fille que j'ai rencontrée il y a trois mois.
   나는 3개월 전에 만난 아가씨를 찾고 있다.

   Je cherche une secrétaire qui sache parler français.
   나는 프랑스어를 할 줄 아는 비서를 찾고 있다.

2. 3인칭에 대한 명령: 발화자의 의지, 희망을 나타낸다.
   Il veut aller au cinéma.
   그는 극장에 가고 싶어한다.
   → Qu'il aille au cinéma!
   그가 극장에 갔으면 좋겠다.

3. 접속법에서 시제의 일치

   ① 접속법 현재: 주절 동사와 동시에 일어난 행위를 나타낼 때.
   J'étais content qu'il travaille bien.
   나는 그가 일을 열심히 하고 있어서 기뻤다.

   ② 접속법 과거: 주절 동사보다 먼저 있었던 행위를 나타낼 때.
   J'étais content qu'il ait bien travaillé.
   나는 그가 일을 열심히 했기 때문에 기뻤다.

연습문제

1. 보기와 같이 다시 써 보시오.

> **보기**
>
> Personne n'est content de ce résultat.
> → Il n'y a personne qui soit content de ce résultat.
> 이 결과에 만족해 하는 사람은 아무도 없다.

1) Personne ne peut sauver ma vie.
   아무도 내 인생을 구원해 줄 수 없다.
   → _____

2) Rien ne lui plaît.
   아무것도 그를 즐겁게 할 수 없다.
   → _____

3) Rien ne réussit dans sa carrière.
   그의 경력에 있어서 아무것도 성공하지 못한다.
   → _____

4) Personne ne me comprend.
   아무도 나를 이해하지 못한다.
   → _____

5) Pas un ami ne le reconnaît.
   어떤 친구도 그를 알아보지 못한다.
   → _____

6) Personne ne le sait. → _____
아무도 그것을 알지 못한다.

7) Il ne connaît personne. → _____
그는 아무도 알지 못한다.

8) Personne ne vit comme lui. → _____
아무도 그 사람 처럼 살지 않는다.

2. 다음과 같이 바꿔 써 보시오.

> **보기**
>
> Ma secrétaire ne sait pas parler français.
> → Je cherche donc une secrétaire qui sache parler français.
> 나는 프랑스어를 말할 수 있는 여비서를 찾고 있다.

1) Cette voiture ne me plaît pas.
이 차는 내 마음에 들지 않는다.
→ _____

2) Ma maison n'a pas de grand jardin.
내 집은 큰 정원이 없다.
→ _____

3) Cette femme de ménage ne vient pas chaque jour.
이 파출부는 매일 오지 않는다.
→ _____

4) La fenêtre de ma chambre ne donne pas sur le jardin.
내 방의 창문은 정원에 접해있지 않다.
→ _____

3. 다음과 같이 다시 써 보시오.

> Je cherche la fille, Je l'ai rencontrée il y a trois mois. → Je cherche la fille que j'ai rencontrée il y a trois mois.
> 나는 3개월 전에 만났던 아가씨를 찾고 있다.

> Je cherche une secrétaire. Elle doit savoir parler français. → Je cherche une secrétaire qui sache parler français.
> 나는 프랑스어를 말할 수 있는 여비서를 찾고 있다.

1) Je cherche sa chambre. Elle est au deuxième étage.
   나는 그의 방을 찾고 있다. 그 방은 3층에 있다.
   → _____

2) Je cherche un appartement. Il doit avoir le chauffage central.
   나는 아파트를 찾고 있다. 아파트는 중앙난방시설을 갖추어야 한다.
   → _____

3) Il cherche sa montre. Il l'a perdue hier.
   그는 자기 시계를 찾고 있다. 그는 그것을 어제 잃어버렸다.
   → _____

4) Je cherche un remède. Il doit pouvoir guérir cette maladie.
   나는 치료약을 찾고 있다. 그 약은 이 병을 낫게 할 수 있어야 한다.
   → _____

4. 접속법을 활용해 보시오.

Je n'ai jamais vu une si petite église.
→ C'est la plus petite église que j'aie jamais vue.
그것은 내가 본 교회 중에서 제일 작다.

1) Je n'ai jamais vu un si joli tableau.
나는 그렇게 예쁜 그림을 본적이 없다.
→ _____

2) Il n'a jamais fait une si grande bêtise.
그는 그렇게 큰 실수를 한 일이 없다.
→ _____

3) Je n'ai jamais entendu une chanson si triste.
나는 그렇게 슬픈 노래를 들은 적이 없다.
→ _____

4) Elle n'a jamais visité une si belle cathédrale.
그녀는 그렇게 아름다운 성당을 방문한 일이 없다.
→ _____

5. 다음을 프랑스어로 써 보시오.

그것은 내가 알고 있는 것 중에서 가장 훌륭한 사전이다.
C'est le meilleur dictionnaire que je connaisse.

1) 그것은 내가 알고 있는 것 중에서 제일 재미있는 이야기이다.
→ _____

2) 그것은 내가 알고 있는 것 중에서 가장 훌륭한 포도주이다.
   → _____

3) 그것이 내가 당신에게 할 수 있는 유일한 조언이다.
   → _____

4) 그것이 내가 알고 있는 가장 강한(fort) 독약(poison)이다.
   → _____

6. 다음 질문에 부정으로 답하시오.

> **보기**
>
> A-t-il jamais commis une telle erreur jusqu'ici?
> 그는 지금까지 그런 실수를 저지른 일이 있습니까?
> → Non, c'est la seule erreur qu'il ait commise jusqu'ici.
>   아니오, 그것이 지금까지 그가 저지른 유일한 실수였다.

1) A-t-il jamais aimé une autre personne?
   그는 다른 사람을 사랑한 일이 있나요?
   → _____

2) Avez-vous jamais lu un plus beau poème que celui-ci?
   이 시보다 아름다운 시를 읽은 적이 있나요?
   → _____

3) Avez-vous jamais vu une voiture plus élégante que celle-là?
   이 차보다 우아한 차를 본 일이 있나요?
   → _____

7. 다음과 같이 바꿔 보시오.

Il veut aller au cinéma! → Qu'il aille au cinéma!
그는 영화관에 가기를 원한다.   그는 영화관에 가야한다.

1) Il veut sortir de la maison.
그는 집을 떠나고 싶어한다.
→ _____

2) Elle veut venir ici.
그녀는 이곳에 오고 싶어한다.
→ _____

3) Il veut voir ce film.
그는 이 영화를 보고 싶어한다.
→ _____

4) Elle veut s'asseoir.
그녀는 앉고 싶어한다.
→ _____

8. 다음과 같이 다시 써 보시오.

Il travaillait bien. J'en étais content.
→ J'étais content qu'il travaille bien.
나는 그가 일을 잘해서 기뻤다.

Il avait bien travaillé. J'en étais content.
→ J'étais content qu'il ait bien travaillé.
나는 그가 일을 잘했기 때문에 기뻤다.

1) La guerre finira. Nous le souhaitons.
전쟁은 끝날것이다. 우리는 그것을 기대한다.
→ _____

2) Elle n'a pas voté. Je le regrette.
그녀는 투표하지 않았다. 나는 그것을 유감으로 여긴다.
→ _____

3) Elle avait bonne mine. J'en étais content.
그녀는 안색이 좋았다. 나는 그로 인해 만족해 했다.
→ _____

4) C'est toujours ainsi. Je le regrette.
늘 그렇다. 나는 그것을 유감으로 여긴다.
→ _____

5) Elle est partie. Je le regrette.
그녀는 떠났다. 나는 그것을 아쉬워한다.
→ _____

6) Ils étaient à Paris. Je n'en étais pas sûr.
그들은 빠리에 있었다. 나는 그것을 확신하지 못하고 있었다.
→ _____

7) Il avait réussi. J'en étais content.
그는 성공했다. 나는 그것에 만족해 했다.
→ _____

8) La gauche viendra au pouvoir. Je le voudrais.
좌파가 집권할 것이다. 나는 그것을 바란다.
→ _____

해답

1
1) Il n'y a personne qui puisse sauver ma vie.
2) Il n'y a rien qui lui plaise.
3) Il n'y a rien qui réussisse dans sa carrière.
4) Il n'y a personne qui me comprenne.
5) Il n'y a pas un ami qui le reconnaisse.
6) Il n'y a personne qui le sache.
7) Il n'y a personne qu'il connaisse.
8) Il n'y a personne qui vive comme lui.

2
1) Je cherche donc une voiture qui me plaise.
2) Je cherche donc une maison qui ait un grand jardin.
3) Je cherche donc une femme de ménage qui vienne chaque jour.
4) Je cherche donc une chambre dont la fenêtre donne sur le jardin.

3
1) Je cherche sa chambre qui est au deuxième étage.
2) Je cherche un appartement qui ait le chauffage central.
3) Il cherche sa montre qu'il a perdue hier.
4) Je cherche un remède qui puisse guérir cette maladie.

4
1) C'est le plus joli tableau que j'aie jamais vu.
2) C'est la plus grande bêtise qu'il ait jamais faite.
3) C'est la chanson la plus triste que j'aie jamais entendue.
4) C'est la plus belle cathédrale qu'elle ait jamais visitée.

5
1) C'est l'histoire la plus amusante que je connaisse.
2) C'est le meilleur vin que je connaisse.

3) C'est le seul conseil que je puisse vous donner.
4) C'est le poison le plus fort que je connaisse.

6
1) Non, c'est la seule personne qu'il ait jamais aimée.
2) Non, c'est le plus beau poème que j'aie jamais lu.
3) Non, c'est la voiture la plus élégante que j'aie jamais vue.

7
1) Qu'il sorte de la maison!
2) Qu'elle vienne ici!
3) Qu'il voie ce film!
4) Qu'elle s'asseye!

8
1) Nous souhaitons que la guerre finisse.
2) Je regrette qu'elle n'ait pas voté.
3) J'étais content qu'elle ait bonne mine.
4) Je regrette que ce soit toujours ainsi.
5) Je regrette qu'elle soit partie.
6) Je n'étais pas sûr qu'ils soient à Paris.
7) J'étais content qu'il ait réussi.
8) Je voudrais que la gauche vienne au pouvoir.

프랑스의 만화

만화를 가두판매점에서 파는 잡지 또는 소설, 사진잡지, 혹은 어린이와 청소년 그리고 좀 뒤떨어진 청년들이 읽는 천박한 간행물로 여기는 사람이라면 프랑스 서점에서 무척 놀랄 것이다. 이곳에는 문학, 미술서적보다 만화를 위한 섹션이 더 많다. 프랑스 만화는 슈퍼맨, 배트맨, 스파이더맨 같이 신문이나 전화번호부 종이에 잉크로 인쇄한 미국의 것과는 전혀 다르다.

프랑스 만화는 개인 도서실 책장에 진열 보존될 정도이며 대학가인 라틴구역의 철학 또는 전문서적을 취급하는 헌책방에서 좋은 가격으로 다시 팔 수 있을 만큼 견고하게 단단하고 윤이 나는 표지로 출간된다.

위고 프라트의 '코르토 말테즈' 시리즈, '가스통 라가프'의 프랑캉, '욕구불만자들' 시리즈의 작가 클레르 브레테세르를 비롯, 영원한 고전작품인 에르제의 '탕탕'과 고시니와 유데르조의 '아스테릭스' 같은 장르의 만화는 어린이 또는 소년들 지갑으로는 적합한 가격이 아니지만 대단히 널리 읽히고 있으며 모두들 구입하려고 야단들이다.

프랑스에서 만화는 판매액수로 보면 프랑스인의 첫 번째 예술이라고 할 수 있다. 만화는 1만~2만부만 팔려도 성공작으로 간주되며, 만화는 베스트셀러에서 절대적으로 중요한 역할을 한다.

96년 장 반 암므와 테드 브누아가 유명한 EP 자콥원작의 '블랙과 몰티에르'를 만화책으로 출판하자마자 독자의 호응을 얻는 대성공을 거두었다. 그중 특히 '프랑시스 블랙의 사건'은 몇주만에 몇십만부가 팔렸고 르 몽드지는 이를 대서특필했다.

    신문 잡지들이 만화를 대서특필하는 일은 드물지 않다. 최근에도 만화가 위고 프라트와 프랑캥의 죽음을 애도하는 기사들이 신문에 실렸으며, 만화 '탱탱'의 작품이 새롭게 발굴되어 발표될 때마다 프랑스와 벨기에('탱탱'의 작가 에르제는 벨기에 사람 임)의 언론들은 앞다투어 이를 보도해왔다.

    만화 '코르토 말테즈' 시리즈의 주인공 코르토는 선원이다. 키 크고 멋진 말없는 방랑자로, 집시 어머니와 영국선원인 아버지 사이에서 태어나 율법학교 유대교 목사인 어머니의 정부로부터 교육을 받았다. 방랑자인 철학자의 등장에서 프랑스인의 기질을 읽을 수도 있다.

    한편 '가스통 라가프'는 꼭두각시만은 아니다. 실수를 거듭하기는 하나 우연히 거리에서 마주쳐도 눈에 띄지 않을 단순하고 진솔한 젊은 청년이다.

    '욕구불만자들'은 근심스럽고 긴장해있고 불안해하며 신경질적인, 전형적인 프랑스의 남자, 여자, 청소년, 아이들이 등장한다.

    이 모든 만화의 주인공들이 프랑스 독자들을 매료시키는 것은 그들이 프랑스 국민성을 적절히 표현하기 때문일지도 모른다. 이국적인 것을 지향하는 취향, 중산층의 근원을 초월하고픈 열망, 타인과 전혀 다르면서 동시에 유사한 마음 등 프랑스 만화가들은 프랑스 사람의 심리를 만화에 교묘하게 담아내고 있다.

제 27 과

[요점정리]

〈접속법〉

1. 부사절에서 사용될 때.
   목적, 양보, 조건 등을 나타내는 접속사 다음의 종속절 동사는 접속법이 사용된다.

afin que	~ 하기 위해
pour que	~ 를 위하여
sans que	~하지 않고
bien que, quoique ~	비록 ~ 이지만
à moins que (ne)	~하지 않는한
de peur que (ne)	~ 일까 두려워 하며
avant que (ne)	~ 하기 전에
en attendant que	~를 기다리며
jusqu'à ce que	~할때까지
de sorte que	~ 하기 위하여
pourvu que	~ 하기만 한다면

   • 주절·종속절의 주어가 같을 때는 동사원형이 사용된다.
   Elle se nourrit bien pour aller mieux.
   그녀는 건강을 회복하기 위해 잘 먹는다.

   Elle le nourrit bien pour qu'il aille mieux.
   그녀는 그가 건강을 회복하도록 잘 먹인다.

2. 허사 **ne**

① 주절동사가 craindre(우려하다) avoir peur(겁내다)등 일 때 종속절에 의미가 없는 ne가 수반되기도 한다.
Je crains qu'il ne pleuve.
나는 비가 올까 우려한다.

② avant que, à moins que, de peur que 다음에도 허사 ne 가 자주 함께 사용된다.
Elle se dépêche de peur que ses amis ne soient déjà partis.
그녀는 친구들이 이미 떠났을까봐 서두른다.

1. 다음과 같이 접속법을 이용해 보시오.

> **보 기**
>
> Je lui écrirai avant son départ pour Paris.
> → Je lui écrirai avant qu'il (ne) parte pour Paris.
> 나는 그가 빠리로 떠나기 전에 편지할 것이다.

1) Je veux partir avant l'arrivée de mon frère.
나는 내 형제의 도착 이전에 떠나고 싶다.
→ _____

2) Parlez à votre professeur avant le commencement de la classe.
   수업 시작 전에 당신 선생님께 이야기하시오.
   → _____

3) J'aurais voulu voir M. Vincent avant sa mort.
   나는 뱅쌍씨가 죽기 전에 그를 만나보고 싶었다.
   → _____

4) Il a terminé tout son travail avant la fin des vacances.
   그는 휴가가 끝나기 전에 일을 전부 끝냈다.
   → _____

2. 보기와 같이 다시 써 보시오.

> **보기**
>
> Elle se dépêche, car elle a peur que ses amis ne soient déjà partis. → Elle se dépêche de peur que ses amis (ne) soient déjà partis.
> 그녀는 자기 친구들이 이미 떠났을까봐 서두른다.

1) Je le surveille, car j'ai peur qu'il ne se casse la jambe.
   나는 그가 다리를 부러뜨릴지 몰라서 그를 감시한다.
   → _____

2) Sa mère ne le laisse pas sortir, car elle a peur qu'il n'attrape un rhume.
   그의 어머니는 그가 감기에 걸릴까봐 외출을 허락하지 않는다.
   → _____

3) Je tremble, car j'ai peur qu'il ne s'aperçoive de ma faute.

나는 그가 내 실수를 알아차릴까봐 떨고 있다.
→ _____

4) Elle ne s'approche pas du chien, car elle a peur qu'il ne la morde.
그녀는 개가 물까봐 개에 접근하지 않는다.
→ _____

3. 다음과 같이 바꿔보시오.

> **보기**
>
> Elle se nourrit bien. Elle va mieux.
> → Elle se nourrit bien pour aller mieux.
> 그녀는 낫기 위해 잘 먹는다.

> Elle le nourrit bien. Il va mieux.
> → Elle le nourrit bien pour qu'il aille mieux.
> 그녀는 그가 낫도록 잘 먹인다.

1) Elle reste à l'hôpital. Elle se fait soigner.
그녀는 병원에 있다. 그녀는 돌보아지고 있다.
→ _____

2) Je l'envoie à l'hôpital, Elle guérit vite.
나는 그녀를 병원에 보낸다. 그녀는 빨리 낫는다.
→ _____

3) On appelle le médecin. Il fait un diagnostic.
우리는 의사를 부른다. 그는 진찰한다.
→ _____

4) Il va à l'hôpital. Il subit une opération.
그는 병원에 간다. 그는 수술을 받는다.
→ _____

5) Le médecin me donne un régime. Je guéris.
의사는 내게 식이요법을 하게한다. 나는 낫는다.
→ _____

4. 보기와 같이 다시 써 보시오.

> **보기**
> Il savait nager, mais il s'est noyé.
> 그는 수영할 줄 알았다. 그러나 익사했다.
> → Quoiqu'il sache nager, il s'est noyé.
> 그는 수영할 줄 알았지만 익사했다.

1) Il fait froid, pourtant j'ai chaud.
날씨가 춥지만 나는 더위를 느낀다.
→ _____

2) Je me suis bien reposé, cependant je me sens encore fatigué.
나는 잘 쉬었지만 아직 피로를 느낀다.
→ _____

3) Je déteste mon dentiste ; je vais quand même chez lui une fois par an.
나는 나의 치과의사를 싫어하지만 1년에 한 번은 치과에 간다.
→ _____

4) Il faisait nuit, toutefois nous avons décidé de partir.

밤이되고 있었지만 우리는 떠나기로 결심했다.
→ _____

5. 다음과 같이 접속법을 이용해 보시오.

> **보기**
> Il va se baigner malgré la pluie.
> → Il va se baigner bien qu'il pleuve.
> 비가 오지만 그는 수영하러 간다.

1) Elle va sortir malgré le mécontentement de ses parents.
   그녀는 부모님의 불만에도 불구하고 외출한다.
   → _____

2) Il a fini son travail malgré la fatigue.
   그는 피로에도 불구하고 일을 끝냈다.
   → _____

3) Elle est allée à l'exposition en dépit de sa maladie.
   그녀는 자신의 병에도 불구하고 전시회에 갔다.
   → _____

6. 다음을 프랑스어로 써 보시오.

> 그는 사람들이 알지 못하게 이 일을 한다.
> Il fait ce travail sans qu'on s'en aperçoive.

1) 그녀는 사람들 모르게 그곳에 들어갔다.
   → _____

2) 그녀는 우리가 모르게 그곳에 들어갔다.
→ _____

3) 그는 우리가 모르게 책을 한권 썼다.
→ _____

4) 그는 친구들이 모르게 책을 한권 썼다.
→ _____

5) 그는 친구들이 모르게 떠났다.
→ _____

6) 그는 내가 모르게 떠났다.
→ _____

7. 보기와 같이 다시 써 보시오.

Il parle fort de sorte que nous l'entendons.
그는 크게 말해서 우리가 알아 들었다. (결과)
→ Il parle fort de sorte que nous l'entendions.
그는 우리가 알아 듣도록 크게 말한다. (목적)

1) Nous sommes sortis de sorte qu'il a pu faire son travail tranquillement.
우리가 외출해서 그는 조용히 자기 일을 할 수 있었다.
→ _____

2) Le médecin m'a donné un remède de sorte que je ne me sens plus mal.
의사가 내게 치료약을 주어서 나는 더 이상 상태가 나쁘지 않다.
→ _____

3) Elle m'a très bien soigné de sorte que j'ai rapidement guéri.
그녀는 나를 잘 돌보아서 나는 빨리 나았다.
→ _____

4) J'ai appelé le médecin de sorte qu'il m'a prescrit un régime.
내가 의사를 불렀고 그 의사는 식이요법을 처방했다.
→ _____

8. 보기와 같이 접속법을 활용하시오.

> **보기**
>
> Je serai à Paris jusqu'au commencement des vacances. → Je serai à Paris jusqu'à ce que les vacances commencent.
> 나는 휴가가 시작될 때까지 빠리에 있을 것이다.

1) Il vaut mieux attendre jusqu'à son retour.
그가 돌아올 때까지 기다리는 것이 나을 것이다.
→ _____

2) Je continuerai ce travail jusqu'à la fin de l'été.
나는 여름의 끝까지 이 일을 계속할 것이다.
→ _____

3) Je vais me reposer jusqu'au dîner (que nous).
나는 저녁식사 시간까지 쉬겠다.
→ _____

4) Je resterai ici jusqu'à l'arrivée de son frère.
나는 그의 형제가 도착할 때까지 여기 있겠다.
→ _____

9. 보기와 같이 다시 써 보시오.

Il échouera à son examen si vous ne l'obligez pas à travailler. → Il échouera à son examen à moins que vous ne l'obligiez à travailler.
당신이 그에게 공부를 강요하지 않으면 그는 시험에 실패할 것이다.

1) Il ne viendra pas si vous n'allez pas le prendre chez lui.
   당신이 그를 자기집에서 데려오지 않으면 그는 오지 않을 것이다.
   → _____

2) Si vous ne partez pas sur-le-champ, vous serez en retard.
   당장 떠나지 않으면 당신은 지각할 것이다.
   → _____

3) Je ne travaillerai pas s'il n'y a pas d'examen demain.
   내일 시험이 없으면 나는 공부하지 않을 것이다.
   → _____

4) Je n'accepterai pas sa proposition si vous n'en êtes pas d'accord.
   당신이 동의하지 않으면 나는 그의 제안을 받아들이지 않을 것이다.
   → _____

10. 다음을 프랑스어로 쓰시오.

그녀가 온다면 우리는 모두 만족해 할 것이다.
Pourvu qu'elle vienne, nous serons tous contents.

1) 날씨가 좋다면 우리는 시골에 갈 것이다.
   → _____

2) 그녀가 나를 돌본다면, 나는 누워있을 것이다.
   → _____

3) 당신이 내게 차를 빌려 준다면, 나는 역으로 마리를 찾으러 가겠다.
   → _____

해답

1
1) Je veux partir avant que mon frère (n')arrive.
2) Parlez à votre professeur avant que la classe (ne) commence.
3) J'aurais voulu voir M. Vincent avant qu'il (ne) meure.
4) Il a terminé tout son travail avant que les vacances (ne) finissent.

2
1) Je le surveille de peur qu'il ne se casse la jambe.
2) Sa mère ne le laisse pas sortir de peur qu'il n'attrape un rhume.
3) Je tremble de peur qu'il ne s'aperçoive de ma faute.
4) Elle ne s'approche pas du chien de peur qu'il ne la morde.

3
1) Elle reste à l'hôpital pour se faire soigner.
2) Je l'envoie à l'hopital pour qu'elle guérisse vite.
3) On appelle le médecin pour qu'il fasse un diagnostic.
4) Il va à l'hôpital pour subir une opération.
5) Le médecin me donne un régime pour que je guérisse.

4
1) Quoiqu'il fasse froid, j'ai chaud.
2) Quoique je me sois bien reposé, je me sens encore fatigué.
3) Quoique je déteste mon dentiste, je vais chez lui une fois par an.
4) Quoiqu'il fasse nuit, nous avons décidé de partir.

5
1) Elle va sortir bien que ses parents soient mécontents.
2) Il a fini son travail bien qu'il soit fatigué.
3) Elle est allée à l'exposition bien qu'elle soit malade.

6
1) Elle y est entrée sans qu'on s'en aperçoive.
2) Elle y est entrée sans que nous nous en apercevions.
3) Il a écrit un livre sans que nous nous en apercevions.
4) Il a écrit un livre sans que ses amis s'en aperçoivent.
5) Il est parti sans que ses amis s'en aperçoivent.
6) Il est parti sans que je m'en aperçoive.

7
1) Nous sommes sortis de sorte qu'il puisse faire son travail tranquillement.
2) Le médecin m'a donné un remède de sorte que je ne me sente plus mal.
3) Elle m'a très bien soigné de sorte que je guérisse rapidement.
4) J'ai appelé le medecin de sorte qu'il me prescrive un régime.

8
1) Il vaut mieux attendre jusqu'à ce qu'il retourne.
2) Je continuerai ce travail jusqu'à ce que l'été finisse.
3) Je vais me reposer jusqu'à ce que nous dînions.
4) Je resterai ici jusqu'à ce que son frère arrive.

9
1) Il ne viendra pas à moins que vous n'alliez le prendre chez lui.
2) A moin que vous ne partiez sur-le-champ, vous serez en retard.
3) Je ne travaillerai pas à moins qu'il n'y ait un examen demain.
4) Je n'accepterais pas sa proposition à moins que vous n'en soyez d'accord.

10
1) Pourvu qu'il fasse beau, nous irons à la campagne.
2) Pourvu qu'elle me soigne, je resterai couché.
3) Pourvu que vous me prêtiez votre voiture, je vais chercher Marie à la gare.

프랑스의 관광산업

많은 사람들이 일반적으로 생각하고 있는것과 달리, 모든 사람에게 바캉스가 주어진 것은 30년대가 아니고 50년대라고 할 수 있다. 바캉스는 교통의 발달과 구매력의 증가로, 1950년대부터 일반화되었다. 1936년에, 프랑스인들은 긴 주말을 바캉스로 갖게 되었고, 짧은 거리는 자전거나 전차를 이용하곤 했었다. 커다란 수확은 1956년에 얻어낸 3주간의 휴가였다. 많은 사람들이 자가용(르노나 시트로엔)을 구매했고, 남불해안을 향해 국도 7번을 타고 달렸던 것이다.

60년대에, 프랑스인들은 휴식을 취하며, 해변에서 몸태우기를 즐겼다. 필요한 재정적 수단을 가지고 있었던 바캉스족들은 이국정취를 느끼기를 원했으며, 관광회사인 클럽 메드(Club Med 1950년 창립)에 가입했다.

70년대는, 세계를 발견하기 위해 편안함을 포기하고 배낭 하나로 여행하는 배낭족들의 시기였다. 지식층들은 해안을 기피하고 인적이 없는 곳을 찾았다.

80년대에 이르러, 인근국가들은 아름다운 나라 프랑스를 발견했고, 많은 사람들이 "삶의 기쁨"을 누리기 위해 프랑스를 찾았다.

프랑스에서 파리사람들과 리용사람들이 가장 많이 여행한다. 관광부와 설문조사 전문회사인 SOFRES의 설문에 따르면, 주민의 수에 비해 8월에 가장 높은 인구증가를 나타낸 지역은 코르시카 섬(+49%)과 랑그독(+35%), 브르타뉴와 샤랑트-프와투(+17%)이다. 반면 일 드 프랑스(-24%), 북부지방(-13%)과 오트 노르망디(-12%)는 인구의 저하를 나타내고 있다.

1996년에 프랑스는 세계에서 가장 많은 관광객이 찾은 나라였다. (국민 총생산의 2.7%), 경제 위기에도 불구하고, 관광은 세계교역량의 8%에 상당하는 발전을 이룩했다.

프랑스의 관광활동을 보면, 1984년에는 약 43만이이 고용되었는데, 1992년에는 54만2천명이 고용되었다. 고용된 분야는 다음과 같다.: 호텔과 호텔의 레스토랑, 주점, 레스토랑과 카페, 숙박시설 없는 레스토랑, 일반숙박업소와 고급숙박업소, 침대차와 식당차, 여행사, 리프트기계, 온천 및 해수요법센터, 관광 안내소등이다. 준-관광활동까지 포함한다면 약 90만명이 관광산업에 종사하는 셈이다.

제 28 과

[요점정리]

1. 현재분사

   ① 형태
   - 단순형: 직설법현재 nous의 어미 ons 대신 -ant를 쓴다.
     parler → parlant, finir → finissant
     그러나 être → étant, avoir → ayant,
     savoir → sachant
   - 복합형: avoir(또는 être)의 현재분사 + p.p
     parler → ayant parlé, sortir → étant sorti(e)(s)

   ② 용법

   a. 이미 형용사가 된 현재분사는 수식하는 명사의 성·수에 일치시킨다.
      livres intéressants 흥미있는 책들

   b. 관계대명사 qui가 이끄는 절을 대치하는 현재분사는 성·수에 일치시키지 않는다.
      J'ai vu une jeune fille descendant(=qui descendait) l'escalier.
      나는 계단을 내려오는 아가씨를 보았다.

   c. 이유, 시간, 양보, 조건 등의 부사절을 대신해 쓰인다.
      Ayant beaucoup de travail (=comme j'ai beaucoup

de travail) ...
일이 많아서 ~

③ 시제
   a. 단순형: 주절동사와 동시에 일어나는 행위를 나타낼 때.
   b. 복합형: 주절동사보다 먼저 일어난 행위를 나타낼 때.

④ 절대분사구문: 주절, 종속절의 주어가 다를 때.
   Son amie étant partie, il est très triste.
   그의 여자친구가 떠나서 그는 매우 슬프다.

2. 제롱디프 (**gérondif**)

   ① 형태: en + 현재분사
   ② 용법: 시간, 조건, 대립, 양보를 나타내는 부사절을 대신하며 주어는 주절동사의 주어와 동일하다.
   Il regarde la télévision tout en préparant sa leçon (=pendant qu'il prépare sa leçon)
   그는 수업을 준비하며 TV를 본다.

연습문제

1. 현재분사를 이용해 다시 써 보시오.

> J'ai vu une jeune fille qui descendait l'escalier.
> → J'ai vu une jeune fille descendant l'escalier.
> 나는 계단을 내려가는 아가씨를 보았다.

1) Hier j'ai vu Marie qui revenait de l'école.
   나는 어제 학교에서 돌아오는 마리를 보았다.
   → _____

2) J'ai aperçu Marie qui dansait avec Pierre.
   나는 삐에르와 춤추고 있는 마리를 보았다.
   → _____

3) Je vois un garçon qui court à toute vitesse.
   나는 전속력으로 뛰고 있는 한 소년을 본다.
   → _____

4) J'ai vu Pierre qui fumait la pipe.
   나는 파이프 담배를 피우고 있는 삐에르를 보았다.
   → _____

2. 분사구문으로 써 보시오.

> Comme j'avais beaucoup de travail, je ne pouvais pas sortir. → Ayant beaucoup de travail, je ne pouvais pas sortir.
> 많은 일이 있어서 나는 외출할 수 없었다.

1) Comme elle était heureuse, elle chantait toute la journée.
   그녀는 행복해서 온 종일 노래했다.
   → _____

2) Comme il avait trop mangé, il avait mal à l'estomac.
   그는 과식을 해서 위가 아팠다.
   → _____

3) Comme je suis malade, je ne pourrai pas assister à la soirée.
   나는 아파서 파티에 못갈 것이다.
   → _____

4) Comme j'avais appris cette mauvaise nouvelle, je suis parti immédiatement pour mon pays.
   이 나쁜소식을 듣고 나는 즉시 고향으로 달려갔다.
   → _____

3. 보기와 같이 분사구문으로 써 보시오.

> Comme vous n'aviez pas bien travaillé, vous avez échoué à votre examen. → N'ayant pas bien travaillé, vous avez échoué à votre examen.
> 열심히 공부하지 않아서 당신은 시험에 실패했다.

1) Comme il n'avait plus d'argent, il a dû m'en emprunter.
   그는 더 이상 돈이 없어서 내게 빌려야 했다.
   → _____

2) Comme je n'ai pas voulu ennuyer mes parents, j'ai renoncé à ce projet.
   부모님을 귀찮게 하고 싶지 않아서 나는 이 계획을 그만 두었다.
   → _____

3) Comme elle ne sait pas parler français, elle doit s'ennuyer à cette réunion.
   그녀는 프랑스어를 말할줄 모르기 때문에 이 모임에서 지루해 할 것이다.
   → _____

4) Comme je n'ai rien compris, je restais muet.
   나는 아무것도 이해하지 못해서 조용히 있었다.
   → _____

4. 제롱디프를 이용해 보시오.

> Il regarde la télévision pendant qu'il prépare sa leçon.
> → Il regarde la télévision en préparant sa leçon.
>   그는 학과준비를 하며 TV를 본다.

1) Il fume pendant qu'il se promène.
   그는 산책하며 담배를 피운다.
   → _____

2) Quand je suis entré chez moi, j'ai trouvé Pierre.
내가 집에 돌아왔을 때, 삐에르를 만났다.
→ _____

3) Il a aperçu Paul pendant qu'il conduisait.
그는 운전하며 뽈을 보았다.
→ _____

4) Elle est partie; elle chantait à ce moment-là.
그녀는 떠났다. 그녀는 그때 노래하고 있었다.
→ _____

5) J'ai rencontré Marie quand je suis revenu du marché.
나는 시장에서 돌아오며 마리를 만났다.
→ _____

5. 현재분사, 제롱디프를 써 보시오.

보기

J'ai rencontré Jeanne qui allait à l'école.
→ J'ai rencontré Jeanne allant à l'école.
나는 학교에 가는 쟌느를 보았다.

J'ai rencontré Jeanne comme j'allais à l'école.
→ J'ai rencontré Jeanne en allant à l'école.
나는 학교에 가며 쟌느를 만났다.

1) J'écoute la radio en même temps que je travaille.
나는 일하며 라디오를 듣는다.
→ _____

2) Je regarde le professeur qui explique la leçon.
   나는 학과내용을 설명하는 선생님을 본다.
   → _____

3) J'ai aperçu Marie comme je passais devant sa maison.
   내가 그녀의 집앞을 지나가며 마리를 보았다.
   → _____

4) J'ai aperçu Marie qui passait devant la maison.
   나는 집 앞을 지나가는 마리를 보았다.
   → _____

6. 보기와 같이 제롱디프, 현재분사를 활용해 보시오.

> Il regarde la télévision pendant qu'il prépare sa leçon.
> → Il regarde la télévision en préparant sa leçon.
> 그는 수업을 준비하여 TV를 본다.

> Comme j'avais beaucoup de travail, je ne pouvais pas sortir. → Ayant beaucoup de travail, je ne pouvais pas sortir.
> 할 일이 많아서 나는 외출할 수 없었다.

1) Lorsqu'on arrive à Genève, on aperçoit le Mont-Blanc.
   우리는 제네바에 도착하며, 몽블랑을 본다.
   → _____

2) Parce qu'il avait étudié sa leçon, il l'a très bien récitée.

그는 학과내용을 공부했기 때문에 매우 잘 암송할 수 있었다.
→ _____

3) J'ai vu Pierre comme je venais ici.
내가 이리 오면서 삐에르를 보았다.
→ _____

4) J'ai beaucoup économisé. Je pourrai donc voyager en Europe.
나는 많이 저축했다. 그래서 나는 유럽을 여행할 수 있을 것이다.
→ _____

5) Il se promène en même temps qu'il lit.
그는 독서하며 산책한다.
→ _____

7. 제롱디프로 바꿔보시오.

> **보기**
> Si vous travaillez jour et nuit, vous réussirez.
> → En travaillant jour et nuit, vous réussirez.
> 밤낮 일하면 당신은 성공할 것이다.

1) Si vous partez tout de suite, vous y serez à temps.
즉각 출발하면 당신은 제 시간에 도착할 것이다.
→ _____

2) Si nous allons à la gare tôt, nous sommes assurés d'avoir des places.
우리가 역에 일찍 가면 분명히 자리가 있을 것이다.
→ _____

3) Si vous prenez un taxi, vous arriverez à l'heure.
   택시를 타면, 당신은 제 시간에 도착 할 것이다.
   → _____

8. 분사구문으로 써 보시오.

> **보기**
> Il est très triste parce que son amie est partie.
> → Son amie étant partie, il est très triste.
> 자기 여자 친구가 떠나서 그는 매우 슬프다.

1) Comme mes parents sont satisfaits, je le suis aussi.
   부모님이 만족해 하셔서 나도 기쁘다.
   → _____

2) Comme mon père nous a donné de l'argent, nous pourrons voyager.
   아버지가 우리에게 돈을 주었기 때문에 우리는 여행할 수 있을 것이다.
   → _____

3) Le mariage n'a pas eu lieu, parce que le fiancé avait disparu.
   약혼자가 사라져서 결혼식은 열리지 못했다.
   → _____

해답

1
1) Hier j'ai vu Marie revenant de l'ecole.
2) J'ai aperçu Marie dansant avec Pierre.
3) Je vois un garçon courant à toute vitesse.
4) J'ai vu Pierre fumant la pipe.

2
1) Etant heureuse, elle chantait toute la journée.
2) Ayant trop mangé, il avait mal à l'estomac.
3) Etant malade, je ne pourrai pas assister à la soirée.
4) Ayant appris cette mauvaise nouvelle, je suis parti immédiatement pour mon pays.

3
1) N'ayant plus d'argent, il a dû m'en emprunter.
2) N'ayant pas voulu ennuyer mes parents, j'ai renoncé à ce projet.
3) Ne sachant pas parler français, elle doit s'ennuyer à cette réunion.
4) N'ayant rien compris, je restais muet.

4
1) Il fume en se promenant.
2) En entrant chez moi, j'ai trouvé Pierre.
3) Il a aperçu Paul en conduisant.
4) Elle est partie en chantant.
5) J'ai rencontré Marie en revenant du marché.

5
1) J'écoute la radio en travaillant.
2) Je regarde le professeur expliquant la leçon.
3) J'ai aperçu Marie en passant devant sa maison.
4) J'ai aperçu Marie passant devant la maison.

6
1) En arrivant à Genève, on aperçoit le Mont-Blanc.
2) Ayant étudié sa leçon, il l'a très bien récitée.
3) J'ai vu Pierre en venant ici.
4) Ayant beaucoup économisé, je pourrai voyager en Europe.
5) Il se promène en lisant.

7
1) En partant tout de suite, vous y serez à temps.
2) En allant à la gare tôt, nous sommes assurés d'avoir des places.
3) En prenant un taxi, vous arriverez à l'heure.

8
1) Mes parents étant satisfaits, je le suis aussi.
2) Mon père nous ayant donné de l'argent, nous pourrons voyager.
3) Le fiancé ayant disparu, le mariage n'a pas eu lieu.

프랑스 수도권 대중교통

■ RATP

1949년에 창설된 RATP(빠리 교통 공사 Régie Autonome des Transports Parisiens)는 독립채산으로 건설된 공공산업 및 상업 기관이다.

RATP는 3개의 주요망으로 나누어질 수 있다: RER(수도권 고속 전철 Réseau Express Régional), 전철, 버스가 그것이다.

1992년 여름부터, 여행자들의 성향을 상세히 파악하면서, RATP 는 시가를 달리는 전차의 첫 번째 노선을 설치하기도 했다.

프랑스에서 가장 방대한 지역인 일 드 프랑스 지역은 118,053명 이상의 외지인을 숙박업소에 수용할 수 있다. 이 지역은 많은 사 적지와 미술관, 박물관이 있다.

■ RER(수도권 고속전철)

RER는 빠리와 교외사이를, 빠르게 연결해 주는 대규모 수용 교통 시스템이다. 가장 신속한 노선으로 신도시들간을 연결해준다. 노선 은 연쇄적으로 배전된, 1,500볼트의 연속전력으로 전기장치가 되 어 있다. 순환교통의 안정성은 SNCF형태의 BAL(block automatique lumineux 자동 신호장치)로 유지되고 있다.

기차는 4년간의 계획에 따라 변화하며 정해진 시간에 따라 운행된 다. 이 시스템은 기차가 멈추는 종착지 역전에 의해 결정되는 목적지의 변화에 따라 불가피하게 되었다. 러쉬아워 때 최소한의 배차 간격은 2~3분간이다.

배차가 복잡해짐에 따라 도착될 기차의 목적지와 정지역을 나타내 주는 신호 기록에 의해 플랫폼 위에서 안내하며, 올바른 정보를 여행객에게 제공해 주는 것이 불가피하다.

주요역들은 SNCF(Société nationale des chemins de fer français 프랑스 철도공사)역, 공항과 연결되어 있다.

샹젤리제의 샤를르 드골 에투왈역에서 30분안에 고성으로 유명한 생·제르맹-엉·레까지 이를 수 있다. 가족단위로 즐기기를 좋아하는 사람들이 유로 디즈니랜드를 가기 위해 토르시-마른-라-발레 (Torcy-Marne-La-Vallée)역까지도 직접 갈 수 있게 되어 있다.

■ 전철

210Km 이상의 길이에 — 그중 지상 노선은 약 16Km — 전철망은 13개 주요노선으로 구성되어 있다.

370개의 정류장이 있으며, (그중 317개는 빠리안의 정류장임) 여행객은 이망을 이용할 수 있다. 수도권에서는 어떤 장소도 전철역의 500m안팎에 위치한다. 빠리에 인접해 있는 대부분의 자치행정구역이 53개역으로 전철로 연결되어 있다.

전철은 평균 1,044m간격으로 선로의 우측으로 운행된다.

제 29 과

[요점정리]

1. 수동태

    ① être + p.p + par(de) + 동작주

    Paul bat Marie. 뽈은 마리를 때린다.
    → Marie est battue par Paul. 마리는 뽈에게 맞는다.
    - 「~에 의하여」는 주로 par로 쓰이지만 지속적인 상태, 감정을 나타낼 때는 de가 쓰인다.
    Marie est aimée de tout le monde.
    마리는 모든 사람에게 사랑받고 있다.
    - 과거분사는 주어의 성·수에 일치한다.
    - 간접목적어는 수동태의 주어가 될 수 없다.
    - 수동태의 시제는 être의 시제와 같다.
    Marie a été battue par Paul.
    마리는 뽈에게 맞았다.

    ② on구문
    on은 주어로만 사용되고 수동태에서는 사용되지 않는다.
    Le français est parlé au Canada.
    = On parle français au Canada.
    캐나다에서는 프랑스어를 말한다.

    ③ 대명동사
    주어가 사물일 때 수동적인 의미로 쓰일때가 있다.
    La porte se ferme. 문이 닫힌다.

2. **à + 동사원형**
   ① 형용사를 수식할 때
   Ce travail est facile à faire.　이 일은 하기 쉽다.

   ② 명사를 수식할 때: ~해야 할
   J'ai une lettre à écrire.　나는 편지를 써야 한다.

3. **laisser, faire + 동사원형**
   ① laisser + 자동사
   laisser + inf. + 명사 (inf.의 주어): Je laisse partir mon fils.
   laisser + 명사 + inf.: Je laisse mon fils partir.
   Je le laisse partir.　나는 그를 떠나게 한다.

   ② laisser + 타동사
   laisser + 명사(주어) + inf. + 명사(목적어):
   Il laisse ses élèves parler français.
   → Il les(leur) laisse parler français.
   그는 그들이 프랑스어를 말하도록 내버려 두었다.

   ③ faire + 자동사
   faire + inf. + 명사(주어):
   Je fais partir mon fils. → Je le fais partir.
   　　　　　　　　　　　나는 그가 떠나게 한다.

   ④ faire + 타동사
   faire + inf. + 명사(목적어) + à(par) + 명사(주어)
   Il fait taper des lettres à sa sœur.
   → Il lui fait taper des lettres.
   그는 자기 누이에게 편지를 타이핑하게 한다.

연습문제

1. 수동태로 써 보시오.

> Paul bat Marie.
> → Marie est battue par Paul.
> 마리는 뽈에게 맞는다.
>
> Mon frère aime Marie.
> → Marie est aimée de mon frère.
> 마리는 내 형제의 사랑을 받는다.

1) La Seine traverse Paris.
   세느강은 빠리를 가로지른다.
   → _____

2) La voiture a heurté le trottoir.
   승용차는 인도를 들이 받았다.
   → _____

3) Ces élèves respectent le professeur.
   이 학생들은 선생님을 존경한다.
   → _____

4) Une forte tempête a ravagé le champ de blé.
   강한 폭풍우가 밀밭을 황폐하게 만들었다.
   → _____

5) Les ennemis entourent la ville.
   적들이 도시를 둘러싼다.
   → _____

6) Le policier m'a interrogé.
   경찰관이 나를 심문했다.
   → _____

7) Ces troupes ont pris notre ville.
   이 부대들이 우리 도시를 점령했다.
   → _____

8) La neige couvre le sommet de la montagne.
   눈이 산의 정상을 덮는다.
   → _____

2. 다음의 시제를 바꿔 보시오.

> **보기A**
> Il est connu de tout le monde.
> 그는 모든 사람에게 알려져 있다.

1) 그는 곧 모든 사람에게 알려질 것이다.(근접미래)
   → _____

2) 그는 모든 사람에게 알려졌었다.(반과거)
   → _____

3) 그는 모든 사람에게 알려질 것이다.(미래)
   → _____

4) 그는 막 모든 사람에게 알려졌다.(근접과거)
   → _____

> **보기 B**
> Le général De Gaulle est élu président.
> 드골장군은 대통령에 선출된다.

1) 드골장군은 대통령에 선출되었다.(복합과거)
   → _____

2) 드골장군은 대통령에 선출될 것이다.(미래)
   → _____

3) 드골장군은 곧 대통령에 선출될 것이다.(근접미래)
   → _____

4) 드골장군은 막 대통령에 선출되었다.(근접과거)
   → _____

5) 드골장군은 대통령에 선출되어 있을것이다.(전미래)
   → _____

3. 보기와 같이 다시 써 보시오.

> **보기**
> On parle français au Canada.
> → Le français est parlé au Canada.
> 프랑스어는 캐나다에서 사용된다.

1) On respecte bien ce professeur.
   사람들은 이 선생님을 매우 존경한다.
   → _____

2) On a vite réparé mon auto.
   사람들은 빨리 내 차를 수리했다.
   → _____

3) On m'a envoyé ce paquet hier.
   누군가 내게 이 소포를 어제 보냈다.
   → _____

4) On a occupé cette ville pendant la guerre.
   이 도시는 전시(戰時)에 점령당했다.
   → _____

5) On a bien accueilli Marie partout où elle est allée.
   마리는 어디가든지 환영받았다.
   → _____

4. 보기와 같이 다시 써 보시오.

> **보기**
>
> La porte se ferme. (동작)
> → On ferme la porte. (동작)
> → La porte est fermée. (상태)
>   문은 닫혀있다.

1) Cet appareil se fabrique ici.
   이 카메라는 여기서 제작된다.
   → _____

2) La porte s'ouvre.
   문은 열린다.
   → _____

3) Ce livre se vend très cher.
   이 책은 매우 비싸게 팔린다.
   → _____

4) Cette chanson se chante en France.
   이 노래는 프랑스에서 불려진다.
   → _____

5) Ces journaux se vendent partout.
   이 신문은 도처에서 팔린다.
   → _____

5. 다음을 프랑스어로 쓰시오.

   > **보기**
   > 이 일은 하기 쉽다.
   > Ce travail est facile à faire.

   1) 이 책은 읽기 쉽다.   → _____
   2) 이 문제는 풀기 쉽다. → _____
   3) 그의 목소리는 듣기에 좋다. (agréable.)
      → _____

6. 보기의 문장을 활용해 보시오.

   > **보기**
   > Avez-vous quelque chose à me demander?
   > 내게 물어볼 것이 있습니까?

   1) _____ à me dire?
   2) _____ à voir?
   3) _____ quelqu'un _____

4) _____ quelque chose à faire?

7. 다음을 프랑스어로 쓰시오.

> **보기**　나는 편지 한 통을 써야 한다. → J'ai une lettre à écrire.

1) 그는 해야할 숙제가 많다.
   → _____

2) 나는 할 것이 아무것도 없다.
   → _____

3) 그것은 대비해야 했던 (prévoir) 사고였다.
   → _____

8. 보기와 같이 다시 써 보시오.

> **보기**　Il fait partir son fils pour la France.
> → Il laisse partir son fils pour la France.
> → Il laisse son fils partir pour la France.
> 　그는 자기 아들이 프랑스로 떠나게 한다.

1) Il fait venir ses camarades à la maison.
   그는 자기 친구들을 집에 오게 한다.
   → _____

2) Elle fait rentrer Georges chez lui.
   그녀는 죠르쥬가 자기 집에 돌아가게 한다.
   → _____

3) Elle fait travailler son fils jusqu'à deux heures.
   그녀는 자기 아들을 2시까지 일하게 한다.
   → _____

4) Je fais rester Georges dans sa chambre.
   나는 죠르쥬가 자기 방에 머물게 한다.
   → _____

9. 다음을 다시 써 보시오.

> **보기**
>
> Il laisse ses élèves parler français.
> → Il fait parler français à ses élèves.
> 나는 자기 학생들을 프랑스어로 말하게 한다.

1) Le médecin laisse cet enfant boire de l'eau.
   의사는 이 아이가 물을 마시게 한다.
   → _____

2) Il laisse Georges réparer mon auto.
   그는 죠르쥬가 내 차를 고치게 한다.
   → _____

3) La mère laisse la bonne chercher ses enfants.
   그의 어머니는 가정부가 아이들을 찾도록한다.
   → _____

4) Il laisse Marie chanter une chanson.
   나는 마리가 노래를 부르게 한다.
   → _____

해답

1
1) Paris est traversé de la Seine.
2) Le trottoir a été heurté par la voiture.
3) Le professeur est respecté de ces élèves.
4) Le champ de blé a été ravagé par une forte tempête.
5) La ville est entourée des ennemis.
6) J'ai été interrogé par le policier.
7) Notre ville a été prise par ces troupes.
8) Le sommet de la montagne est couvert de neige.

2
A. 1) Il va être connu de tout le monde.
2) Il était connu de tout le monde.
3) Il sera connu de tout le monde.
4) Il vient d'être connu de tout le monde.
B. 1) Le général De Gaulle a été élu président.
2) Le général De Gaulle sera élu président.
3) Le général De Gaulle va être élu président.
4) Le général De Gaulle vient d'être élu président.
5) Le général De Gaulle aura été élu président.

3
1) Ce professeur est bien respecté.
2) Mon auto a été vite réparée.
3) Ce paquet m'a été occupée pendant la guerre.
5) Marie a été bien accueillie partout où elle est allée.

4
1) On fabrique cet appareil ici.
   Cet appareil est fabriqué ici.
2) On ouvre la porte. La porte est ouverte.
3) On vend ce livre très cher. Ce livre est vendu très cher.

4) On chante cette chanson en France. Cette chanson est chantée en France.
5) On vend ces journaux partout. Ces journaux sont vendus partout.

6
1) Ce livre est facile à lire.
2) Ce problème est facile à résoudre.
3) Sa voix est agréable à entendre.

7
1) Avez-vous quelque chose à me dire?
2) Avez-vous quelque chose à voir?
3) Avez-vous quelqu'un à voir?
4) Avez-vous quelque chose à faire?

8
1) Il a beaucoup de devoirs à faire.
2) Je n'ai rien à faire.
3) C'était un accident à prévoir.

9
1) Il laisse venir ses camarades à la maison.
   Il laisse ses camarades venir à la maison.
2) Elle laisse rentrer Georges chez lui.
   Elle laisse Georges rentrer chez lui.
3) Elle laisse travailler son fils jusqu'à deux heures.
   Elle laisse son fils travailler jusqu'à deux heures.
4) Je laisse rester Georges dans sa chambre.
   Je laisse Georges rester dans sa chambre.

10
1) Le médecin fait boire de l'eau à cet enfant.
2) Il fait réparer mon auto à Georges.
3) La mère fait chercher ses enfants à la bonne.
4) Il fait chanter une chanson à Marie.

프랑스 국립 도서관

풍피두센터의 공공정보도서관이 대중을 위한 열린 도서관이라면 프랑스국립도서관(BNF)은 박사과정등 전문가를 위한 도서관이다.

원래 국립도서관은 빠리도심 리슐리외 거리에 위치해 있었으나 출입할 수 있는 자격조건도 대학생등으로 까다로왔다.

그러나 88년 미테랑대통령이 재선된 이후 낡고 협소한 리슐리외 거리의 국립도서관을 빠리 동남쪽 톨비악에 세계 최대, 최고수준으로 새로 지어 이전하면서 장서중 50여만권을 풍피두센터 도서관처럼 개가식으로 운영하기로 했다. 톨비악 국립도서관은 미테랑도서관으로 불리며 모두 78억프랑(한화 1조2천4백80억원)을 들여 92년 3월 착공해 96년 12월 완공, 일부가 문을 열었다.

건축가 도미니크 페로가 설계한 이 도서관은 18만m^2의 부지 둘레에 높이 80m의 유리탑으로 된 건물 4개를 세우고 그 가운데에 각종 도서, 필름 등의 열람실과 식당등 편의시설을 갖추고 있다.

일반 도서열람실은 1천6백97석. 현재 2천5백종의 정기간행물을 포함해 18만권의 각종 서적을 서가에 진열, 개가식으로 운영하고 있다. 앞으로 일반열람실의 도서를 국립도서관이 소유하고 있는 도서 1천여만권중 5%인 50만권까지 확대할 예정이다. 당초 일반열람실 이용을 풍피두센터처럼 무료로 할 예정이었으나 도서관의 한해 운영비가 12억~15억프랑(1천9백20억~2천4백억원)으로 추산돼 하루 20프랑(3천2백원), 1년2백프랑(3만2천원)의 입장료를 받기로 했다.

전문가들을 위한 특별열람실은 2천1백석. 이 열람실은 리슐리외 거리의 국립도서관에서 보관중인 자료 1천만권중 절반만 새 도서관으로 옮겨온 상태여서 오는 98년 후반기에나 개관할 예정이다.

국립도서관측은 "모든 도서를 CD롬화해 집에서 컴퓨터 단말기를 통해 볼 수 있게 할 것"이라며 "전화로 책과 자리를 예약하는 시스템을 운영할 예정"이라고 말했다. 국립도서관측은 현재 5백만권 정도의 목록이 전산화돼있으며 97년말까지 목표로하고 있는 6백만권에 대한 도서목록 전산화작업을 마칠 예정이라고 밝혔다. 또 1천2백만 점에 달하는 국립도서관 소유의 그림, 지도, 사진을 CD롬화하는 작업도 벌일 것이라고 말했다.

제 30 과

[요점정리]

1. 동사원형구문과 복문구조(명사절)
   ① J'espère faire ce voyage.   나는 이 여행하기를 원한다.
   J'espère qu'elle fera ce voyage.
   나는 그녀가 이 여행을 했으면 한다.

   - 동사원형의 시제
     a. 부정법 현재: 주절동사의 시제와 같다.
        Il a peur d'y arriver en retard.
        그는 그곳에 늦게 도착할까 우려한다.
     b. 부정법 과거: 주절동사보다 먼저 일어난 행위를 나타낼 때 사용된다.
        Il regrette d'avoir fait des bêtises.
        그는 어리석은 짓 한 것을 후회한다.

   - espérer 바라다, croire 믿다, penser 생각하다, compter ~할 예정이다 + inf.

   - craindre 우려하다, douter 의심하다, regretter 후회하다, avoir peur 겁내다 être sûr 확신하다 + de + inf.

   ② 종속절에서 직설법이 요구되는 동사
   - penser 생각하다, croire 믿다, se douter 짐작하다, compter ~할 예정이다, être sûr(certain) 확신하다, espérer 희망하다, s'apercevoir 깨닫다, être persuadé 확신하다

- penser, croire 등이 의문, 부정으로 사용될 때는 접속법이 따른다.

③ 종속절에서 접속법이 요구되는 동사(구)
douter 의심하다, craindre 우려하다, avoir peur 겁내다, souhaiter 바라다, vouloir 원하다, regretter 후회하다, trembler 떨다, être content(heureux) 만족해하다, c'est dommage 유감이다.

④ Je regrette qu'il ait fait des bêtises.
그가 그런 어리석은 짓을 했다니 유감이다.
→ Je le regrette. 나는 그것을 유감으로 생각한다.

2. 대명사의 위치
Vous devez être content de ce résultat.
→ Vous devez en être content.
당신은 이 결과에 만족해 하실 것이 분명합니다.

3. 강조구문
C'est ... qui : 주어를 강조.
C'est ... que : 주어 이외의 표현 강조.

C'est Georges qui m'a annoncé cette nouvelle.
= Georges m'a annoncé cette nouvelle.
죠르쥬가 내게 이 소식을 알려주었다.

C'est de cela qu'ils ont parlé.
= Ils en ont parlé.
그들이 말한 것은 그것에 관한 것이다.

연습문제

1. 다음을 한 문장으로 연결시키시오.

> **보기**
>
> Il y arrivera en retard. Il en a peur.
> → Il a peur d'y arriver en retard.
> 그는 그곳에 늦을까봐 걱정한다.

1) Pouvez-vous venir? En êtes-vous sûr?
   올 수 있습니까? 확실합니까?
   → _____

2) Elle a épousé Georges. Elle en est heureuse.
   그녀는 죠르쥬와 결혼했다. 그녀는 결혼생활에 행복하다.
   → _____

3) Je suis rentré à la maison très tard. Je le regrette.
   나는 매우 늦게 귀가했다. 나는 그것을 후회한다.
   → _____

4) Il a écrit une lettre en français. Il en est très fier.
   그는 편지를 프랑스어로 썼다. 그는 그것을 무척 자랑스러워한다.
   → _____

5) Je ne suis pas venu hier. J'en suis désolé.
   나는 어제 오지 않았다. 나는 그것을 미안해 한다.
   → _____

6) Elle sera grondée par son père. Elle le craint.
   그녀는 자기 아버지에게 야단맞을 것이다. 그녀는 그것을 겁낸다.
   → _____

7) Il s'est levé très tôt. Il en est content.
   그는 매우 일찍 일어났다. 그는 그것에 만족해 한다.
   → _____

8) Il leur a promis de les emmener au cinéma. Il le regrette.
   그는 그들에게 영화관에 데려가겠다고 약속했다. 그는 그것을 후회한다.
   → _____

2. 보기와 같이 다시 써 보시오.

> **보기**
> Je ferai ce voyage. (Je l'espère. Elle l'espère)
> → J'espère faire ce voyage.
> → Elle espère que je ferai ce voyage.
>   그녀는 내가 이 여행 하기를 바란다.

1) Il pourra devenir ingénieur. (Il en est sûr. J'en suis sûr.)
   그는 엔지니어가 될 수 있을 것이다.
   → _____

2) Il arrivera chez vous à midi. (Il y compte bien. J'y compte bien.)
   그는 정오에 당신집에 도착할 것이다.
   → _____

3) Vous pourrez faire ce travail. (Vous le croyez. Je le crois.)

당신은 이 일을 할 수 있다.
→ _____

3. 다음과 같이 다시 써 보시오.

> **보기**
>
> Il a fait des bêtises. (Il le regrette. Je le regrette.)
> → Il regrette d'avoir fait des bêtises.
> → Je regrette qu'il ait fait des bêtises.
> 　　나는 그가 멍청한 짓을 한 것을 유감으로 여긴다.

1) Elle sera grondée par son père. (Elle le craint. Nous le craignons.)
   그녀는 자기 아버지에게 혼날 것이다.
   → _____

2) Les ouvriers font la grève. (Ils le souhaitent. Nous le souhaitons.)
   노동자들은 파업을 한다.
   → _____

3) Il trouvera un emploi? (Il n'en est pas sûr. Je n'en suis pas sûr.)
   그는 직업을 찾을까요?
   → _____

4) Elle va perdre sa place. (Elle en tremble. J'en tremble.)
   그녀는 자기 자리를 잃을 것이다.
   → _____

4. 보기와 같이 다시 써 보시오.

> **보기**
>
> Elle sera grondée. J'en suis persuadé.
> → Je suis persuadé qu'elle sera grondée.
> 　나는 그녀가 야단 맞을 것으로 확신한다.

> Elle sera grondée? J'en doute.
> → Je doute qu'elle soit grondée.
> 　나는 그녀가 혼날 것으로는 믿지 않는다.

1) Elle a réussi à l'examen. J'en suis content.
   그녀는 시험에 성공했다. 나는 그것에 만족해 한다.
   → _____

2) Vous pourrez aider le travail de votre père. Je le crois.
   당신은 당신 아버지의 일을 도울 수 있을 것이다. 나는 그렇게 생각한다.
   → _____

3) Mon père ne voudra rien entendre. Je le crains.
   아버지는 아무것도 들으려 하지 않을 것이다. 나는 그것을 우려한다.
   → _____

4) Est-ce vrai? J'en doute.
   정말인가? 나는 믿지 못하겠다.
   → _____

5) On verra la comète? En êtes-vous sûr?
   혜성을 볼 수 있을까요? 확실합니까?
   → _____

6) Sera-t-il de retour? Je ne le crois pas.
   그는 돌아올까요? 나는 그렇게 생각하지 않는다.
   → _____

7) Elle va se tuer. Je le crains.
   그녀는 자살하려한다. 나는 그것을 우려한다.
   → _____

8) On ne vous a pas prévenu. J'en suis désolé.
   사람들은 당신께 알리지 않았다. 나는 그것을 유감으로 생각한다.
   → _____

5. 질문에 답해보시오.

> **보기**　Croyez-vous qu'il gagne? (Oui) → Oui, je le crois.
> 그가 이기리라고 생각합니다.　네, 그렇게 생각합니다.

1) Voulez-vous que je l'appelle? (Oui)
   내가 그에게 전화할까요?
   → _____

2) Avez-vous peur de vous perdre? (Non)
   길을 잃을까 겁나시나요?
   → _____

3) Pensez-vous qu'il revienne? (Non)
   그가 돌아오리라 생각합니까?
   → _____

4) Est-ce qu'il regrette d'être venu trop tard? (Oui)
   그는 너무 늦게 온 것을 후회합니까?
   → _____

5) Etes-vous sûr qu'elle tienne sa promesse? (Oui)
   당신은 그녀가 약속을 지킬 것으로 믿습니까?
   → _____

6) Craignez-vous qu'ils fassent la grève? (Oui)
   당신은 그들이 파업을 할 것에 대해 걱정하십니까?
   → _____

6. 보기와 같이 대명사를 이용해 다시 써 보시오.

> **보기**
>
> Vous devez être content de ce résultat.
> → Vous devez en être content.
>   당신은 이 결과에 만족하고 있겠군요.

1) Je compte retourner à mon pays.
   나는 귀국을 생각하고 있다.
   → _____

2) Il faut aller chercher mon oncle.
   내 아저씨를 찾으러 가야 한다.
   → _____

3) Ils doivent assister à la classe.
   그들은 수업에 참석해야 한다.
   → _____

4) Je ne veux pas parler de cet accident.
   나는 이 사고에 대해 말하고 싶지 않다.
   → _____

5) Je vais écrire à mon frère.
   나는 내 형제에게 편지하겠다.
   → _____

7. 강조구문으로 써 보시오.

   보기
   Georges m'a annoncé cette nouvelle.
   → C'est Georges qui m'a annoncé cette nouvelle.
   내게 이 소식을 알려준 사람은 죠르쥬이다.

   1) Je cherchais ce livre.
      나는 이 책을 찾고 있었다.
      → _____

   2) Il ressemble à sa mère.
      그는 자기 어머니와 닮았다.
      → _____

   3) Elle est venue me voir la semaine dernière.
      그녀는 지난 주에 나를 보러 왔다.
      → _____

8. 강조구문으로 만들어 보시오.

   보기
   Ils en ont parlé.
   → C'est de cela qu'ils ont parlé.
   그들이 말한 것은 그것에 관한 것이다.

1) Il m'a demandé de venir.
   그는 내게 오라고 했다.
   → _____

2) Je l'ai rencontré (rencontrée) hier.
   나는 어제 그(그녀)를 만났다.
   → _____

3) Est-ce qu'il est fâché?
   그는 화났나요?
   → _____

4) J'y ai trouvé ce livre.
   나는 거기서 이 책을 찾았다.
   → _____

5) Elle en est revenue.
   그녀는 거기에서 돌아왔다.
   → _____

6) Je leur ai obéi.
   나는 그들에게 복종했다.
   → _____

7) J'ai voulu le dire à Marie.
   나는 그것을 마리에게 말하고자 했다.
   → _____

해답

1
1) Etes-vous sûr de pouvoir venir?
2) Elle est heureuse d'avoir épousé Georges.
3) Je regrette d'être rentré à la maison très tard.
4) Il est très fier d'avoir écrit une lettre en français.
5) Je suis désolé de ne pas être venu hier.
6) Elle craint d'être grondée par son père.
7) Il est content de s'être levé très tôt.
8) Il regrette de leur avoir promis de les emmener au cinéma.

2
1) Il est sûr de pouvoir devenir ingénieur.
   Je suis sûr qu'il pourra devenir ingénieur.
2) Il compte bien arriver chez vous à midi.
   Je compte bien qu'il arrivera chez vous à midi.
3) Vous croyez pouvoir faire ce travail.
   Je crois que vous pourrez faire ce travail.

3
1) Elle craint d'être grondée par son père.
   Nous craignons qu'elle (ne) soit grondée par son père.
2) Les ouvriers souhaitent faire la grève.
   Nous souhaitons que les ouvriers fassent la grève.
3) Il n'est pas sûr de trouver un emploi.
   Je ne suis pas sûr qu'il trouve un emploi.
4) Elle tremble d'aller perdre sa place.
   Je tremble qu'elle aille perdre sa place.

4
1) Je suis content qu'elle ait réussi à l'examen.
2) Je crois que vous pourrez aider le travail de votre père.

3) Je crains que mon père ne veuille rien entendre.
4) Je doute que ce soit vrai.
5) Etes-vous sûr qu'on voie la comète?
6) Je ne crois pas qu'il soit de retour.
7) Je crains qu'elle (n') aille se tuer.
8) Je suis désolé qu'on ne vous ait pas prévenu.

5
1) Oui, je le veux.
2) Non, je n'en ai pas peur.
3) Non, je ne le pense pas.
4) Oui, il le regrette.
5) Oui, j'en suis sûr.
6) Oui, je le crains.

6
1) Je compte y retourner.
2) Il faut aller le chercher.
3) Ils doivent y assister.
4) Je ne veux pas en parler.
5) Je vais lui écrire.

7
1) C'est ce livre que je cherchais.
2) C'est à sa mère qu'il ressemble.
3) C'est la semaine dernière qu'elle est venue me voir.

8
1) C'est à moi qu'il a demandé de venir.
2) C'est lui (elle) que j'ai rencontré (rencontrée) hier.
3) Est-ce lui qui est fâché?
4) C'est là que j'ai trouvé ce livre.
5) C'est de là qu'elle est revenue.
6) C'est à eux que j'ai obéi.
7) C'est cela que j'ai voulu dire à Marie.

CHANSON

SANS TOI MA MIE
(그대가 없으면...)

노래: 살바토레 아다모

Je sais tout est fini.
J'ai perdu ta confiance.
Néanmoins je te prie
De m'accorder ma chance.
Si devant mon remords
Tu restes indifférente.
On n'peut te donner tort.
Mais sois donc indulgente.
Au nom des joies
Que nous avons vécues.
Au nom de l'amour
Que nous croyons perdu.
Sans toi ma mie
Le temps est si lourd
Les heures et les jours
Sombrent sans espoir.
Sans toi ma mie.

Sans toi ma mie
Je vogue sans but, je vogue perdu
Sous un ciel tout noir.
Comprends que dans les rues
Tant de filles nous tentent.
Et leur air ingénu
Nous torture et nous hante.
Aussi je viens vers toi
pour te confier ma voile.
Toi, tu me guideras.
Tu es ma bonne étoile.
Sans toi ma mie
Le temps est si lourd.
Les heures et les jours
Sombrent sans espoir.
Sans toi ma mie

그대의 신뢰를 져버렸으니
모든 것이 끝났다는 것을 나는 알고 있네.
그러나 기회를 주기를
그대에게 비오.
이렇게 후회하는데
그대는 무관심하네.
그대의 잘못이라고는 말할 수 없지만
제발 관대히 대해주오.
우리가 즐겨왔던
기쁨의 이름으로,
잃어버렸다고 믿었던
사랑의 이름으로.
그대가 없으면
시간이 침울하게 되고,
시간과 모든 날들은
희망없이 절망에 빠지네.
사랑하는 그대가 없이는

그대가 없으면
난 목적도 없이, 외롭게 어두운 하늘 밑을
헤매게 되네.
거리에는 우리들을 사로잡는
많은 소녀들이 있다는 것을 알지.
그 소녀들의 순진한 모습이
우리를 번민에 빠지게 하고, 머리에서 떠나질 않네.
거짓을 고백하러
난 네게로 왔네.
그대는 날 이끌어 주겠지.
그대는 나의 소중한 별.
그대 없으면
나의 시간은 답답하게만 여겨지고.
시간과 날들은
희망도 없이 우울해지네
사랑하는 그대 없으면...

김진수
　서울대 언어학과 석사
　Paris-Sorbonne 대학 언어학 박사
　교육 방송 TV 프랑스어 진행(1991년~1994년)
　공보처 해외공보관 전문위원
　現 서경대학교 불어과 교수

　저서로는 『프랑스어 문법』, 『프랑스어 강의 1, 2, 3』, 『프링스어 첫걸음』, 『초급 프랑스어』, 『중급 프랑스어』, 『고급 프랑스어』, 『기초 프랑스어 회화』, 『여행하며 즐기는 프랑스어 회화』, 『E-메일 프랑스어』, 『프랑스어 문장연습』, 『프랑스어 어휘연구』, 『프랑스어 작문연구』, 『프랑스어 숙어연구』, 『프랑스어 필수어휘 사전』, 『프랑스어 동사변화 & 문법 총정리』 (이상 삼지사 刊), 『EBS 프랑스어』(한국교육개발원), 『Le traitement des adjectifs qualificatifs dans les dictionnaires bilingues』(Presses de l'univ. Paris-Sorbonne) 외 다수가 있다.

프랑스어 작문연구

발　행　　2020년 02월 25일

저　자　　김진수

발 행 인　　이재명

발 행 처　　삼지사

등록번호　　제406-2011-000021호

주　소　　경기도 파주시 산남로 47-10

Tel　　031)948-4502, 948-4564

Fax　　031)948-4508

ISBN 978-89-7358-217-8 13760

책값은 뒤표지에 있습니다.
이 책의 내용을 전재 및 무단 복제할 경우 법적인 제재를 받게 됩니다.
잘못된 책은 구입하신 서점에서 교환해 드립니다.